Table des matières

Préface

Vu de la cuisine

Par Amandine Trépon

Ce n'est pas pour me vanter, vous savez bien que ce n'est pas mon genre, mais j'ai donné une idée à ma très chère amie Mary Lester.

Comme vous le savez, j'ai assuré son secrétariat lorsqu'elle a elle-même relaté ses enquêtes.

À la suite de ces parutions, et avant que Jean Failler ne reprenne la plume, Mary a reçu de nombreux courriers à propos des bouquins parus sous sa signature. Et ne croyez pas que c'étaient toujours des compliments. Non, les gens sont parfois férocement critiques et, bizarrement, leurs critiques sont souvent contradictoires. Je m'explique :

Untel trouve que Mary ne raconte pas assez ses affaires de cœur (et je mets de cœur parce que je suis polie).

Tel autre trouve au contraire que l'on parle trop de Lilian… D'ailleurs, l'opinion générale est que Lilian n'est pas un fiancé convenable pour Mary Lester.

Non mais, de quoi je me mêle ? Si elle le garde c'est qu'il lui plaît. C'est qu'elle l'aime ! Et qu'est-ce que ça peut leur faire à tous ces critiqueurs ? Ils sont jaloux ou quoi ?

Si Mary reste assez indifférente à ces remarques, moi, ça me met dans une rage noire.

D'abord parce que Lilian est un garçon comme il faut, bien élevé, bien patient, plein d'indulgence pour sa Mary (et je vous assure qu'il faut parfois l'être).

Il a une autre qualité, il n'est pas là tout le temps. Car, de vous à moi, si elle l'avait sur le dos sept jours sur sept, ça ne durerait pas. Et Dieu sait ce qu'elle nous ramènerait pour le remplacer!

Autre avantage de Lilian, comme il est en froid avec ses parents (à cause de sa relation avec Mary, justement), nous ne sommes pas envahis par les beaux-parents.

Et ça, c'est un avantage de taille!

Enfin, il y en a d'autres qui voudraient que Mary aille enquêter ici ou là parce que leur grand-mère y habite ou parce qu'ils y ont des souvenirs d'enfance. Comme si elle avait le choix! Comme si c'était elle qui décidait des lieux où les crimes sont commis! N'oubliez pas qu'elle a un patron, ce petit pète-sec de commissaire Fabien, et que ce n'est pas parce qu'elle se permet de le taquiner (moi je n'oserais jamais) qu'elle n'est pas tenue d'obéir strictement à ses ordres.

D'accord, il lui arrive de prendre des libertés avec la procédure, mais c'est toujours dans l'intérêt de l'enquête! Comme elle dit, « en toute chose, il faut considérer la fin ». Et la bonne fin consiste à voir le méchant puni, même si c'est au prix de quelques entorses à leurs machins administratifs.

D'ailleurs, à ce propos, je lui avais fait remarquer, au sujet de *Casa del Amor*, qu'elle était un peu gonflée de subtiliser et de déplacer une preuve. Elle m'a répondu que quand on cherchait à la manipuler d'une manière aussi grossière, elle s'en sentait offensée et que c'était la seule chose à faire pour démasquer la personne qui avait placé le poison chez Marie-Ange. Le cas échéant, si celle qui était derrière ce mauvais coup allait s'en plaindre, ça équivalait à se dénoncer. Elle a appelé ça « l'arroseur arrosé », ce qui est plutôt imagé.

— C'est comme au tennis, m'a-t-elle dit, on me colle un revers, je renvoie la balle par un coup droit. Et toc! L'adversaire qui ne s'y attend pas perd le point. Dans l'enquête de Noirmoutier, Il me fallait déstabiliser une accusatrice trop sûre d'elle. Comment mieux y parvenir qu'en entrant dans son jeu?

Eh bien, maintenant qu'elle m'a expliqué ça, je trouve qu'elle a eu raison. Pas vous? Ah, j'espère que vous n'allez pas plaindre cette vieille folle de mère Helder! Ce ne sont pas les gendarmes qui auraient fait ça, n'est-ce pas? Ils auraient collé Marie-Ange et la petite mignonne... Comment s'appelle-t-elle déjà? Ah oui, Joséphine... Sous les verrous et le mal aurait triomphé.

Du coup, Mary Lester se serait rendue complice d'une injustice, et vous savez qu'elle a une sainte horreur de l'injustice.

Bon, mais je m'égare.

Mary me l'a fait remarquer:

— Ne vous énervez pas comme ça, Amandine, personne ne vous a critiquée!

Et là, j'ai dit :

— Justement si!

Elle a demandé:

— Qui donc a osé?

— Oh, j'ai dit, ce n'est pas rapport aux enquêtes que j'ai écrites avec vous ! C'est rapport à ma cuisine!

— Alors là, c'est pire, m'a-t-elle dit.

— Ouais, je recevais souvent des amis, autrefois, et certaines femmes me disaient avec une mine pincée (surtout quand leurs maris me faisaient des compliments) : « Ça manque un peu de sel… J'aurais rajouté une pincée de coriandre… Ou encore, ma mère mettait le chou avant la saucisse… » À la fin, je me suis fâchée et je leur ai dit de prendre ma place derrière les fourneaux. Mais là, les maris n'étaient pas d'accord : « pour une fois dans la semaine qu'on mange bien », ont-ils dit. Inutile de vous dire que j'ai perdu toutes mes copines. Mais des copines comme ça…

Alors Mary a eu un regard malicieux :

— Une idée de génie, Amandine ! Voilà ce que vous avez eu, une idée de génie! Je vais suivre votre exemple et mettre au défi tous ces écrivains si fournis en bonnes idées de raconter à leur tour une de mes enquêtes.

Et elle a fait ce qu'elle a dit. Et sur un forum en plus! Ce qui fait qu'ils n'ont pas pu se dégonfler. Voilà, le résultat est là, dans les pages qui suivent, mais vous verrez, il y en a qui sont quand même drôlement bons!

Jeu de piste pour Mary Lester

Par Jean-Claude Colrat

Bien que le calendrier indiquait que l'on n'était qu'en juin, un soleil de plomb éclaboussait de couleur chaleureuse les innombrables rochers roses de l'archipel... Néanmoins, un petit vent de noroît et le clapotis de l'eau contre les plats-bords de la vedette laissaient une impression bienfaisante de fraîcheur.

Le plein de la saison touristique n'était pas encore arrivé et un nombre restreint de voyageurs, en cette fin de matinée de mardi, était monté à bord du *Kéhops* à l'embarcadère de l'Arcouest à destination de l'île de Bréhat. Une femme d'un âge certain était assise à l'intérieur de la cabine, seule, entre ses deux cabas pleins de provisions achetées au marché de Paimpol. Le reste des voyageurs était demeuré à l'extérieur pour profiter pleinement de l'air marin et du paysage toujours aussi merveilleux de cet endroit béni de la Bretagne. Un petit vieux, casquette vissée sur la tête, vraisemblablement un ancien marin, arpentait vivement le pont comme s'il se croyait être toujours le capitaine de ce bateau. Au bastingage arrière, une jeune femme s'était accoudée pour regarder filer la côte paimpolaise au bout du sillon écumant laissé par le *Kéhops* sur la mer d'un bleu profond.

La vedette blanche passa à proximité de la balise jaune et noire de Men-Joliguet et ne tarda pas à aborder l'embarcadère de Port-Clos dans un bouillonnement d'eau brassée par les pales de l'hélice en pleine manœuvre. Les voyageurs débarquèrent, les moins ingambes aidés par les matelots. La jeune femme posa quant à elle un pied alerte sur le pavé de la jetée. Aussitôt, deux gendarmes se dirigèrent vers elle, sous les regards suspicieux des autres voyageurs qui soupçonnaient déjà qu'ils allaient brandir une paire de menottes pour une arrestation.

— Capitaine Lester, bienvenue à Bréhat, lança le plus âgé qui arborait les trois chevrons d'argent de maréchal des logis-chef sur son uniforme.

— Bonjour Leblanc, lui répondit Mary Lester avec un sourire laissant transparaître le plaisir de retrouver ce gendarme avec qui elle avait bien collaboré lors d'une précédente enquête à Huelgoat*.

Vous avez délaissé l'Argoat pour l'Armor ?

— Promotion oblige, fit Leblanc en montrant ses galons nouvellement cousus. Mais j'ai connu des affectations moins agréables.

Son regard se perdit sur le paysage marin idyllique qui les entourait. Le ciel bleu, la mer non moins azurée, les roches roses, les maisons blanches et cossues, les pinèdes, les fleurs partout présentes, certes le gendarme Leblanc aurait pu se retrouver dans un endroit beaucoup moins avenant.

— Allons au poste pour discuter de notre affaire, dit brusquement Leblanc comme pressé de se soustraire à l'envoûtement de ce paysage.

Le poste de la Gendarmerie nationale, dépendant de la brigade de Paimpol et qui n'est occupé à demeure que pendant la saison, était installé dans une maison comme tant d'autres, au Bourg. Mary, le

Voir Le testament Duchien.

chef Leblanc et le jeune gendarme adjoint du nom de Couasnon s'y rendirent rapidement à pied, par les rues étroites de cette île encore exempte de circulation automobile.

— Vous savez pourquoi nous vous avons fait venir jusqu'à Bréhat, capitaine Lester ?

— Mon patron, le divisionnaire Fabien, m'a effectivement exposé votre problème et j'ai commencé à prendre connaissance des éléments du dossier…

— L'île de Bréhat est un lieu privilégié de villégiature pour de nombreuses personnalités du show-biz ou de la littérature. L'auteur à succès dont il est question dans notre affaire réside ici plusieurs mois par an, dans une maison que lui prête un lointain parent. Jeudi dernier, lorsque la vieille bréhatine qui lui sert en quelque sorte de gouvernante est venue lui préparer son déjeuner et faire un peu de ménage, elle a constaté son absence inattendue. Depuis, nul ne l'a revu. Bien sûr, il n'a pas non plus reparu à son domicile, à Orléans.

— Et vos recherches se sont révélées vaines ? Il n'y a pas eu non plus de revendication pour un quelconque enlèvement ?

— Affirmatif. Les recherches ne sont d'ailleurs pas facilitées car cet écrivain a toujours refusé d'être photographié ; sa véritable identité est un secret qu'il ne partage qu'avec son éditeur. Sa description physique nous donne un homme âgé d'une soixantaine d'années, d'environ un mètre soixante-dix, de corpulence moyenne, au teint clair et aux yeux bleus, avec une barbe et des cheveux mi-longs grisonnant.

— Je pense que vous souhaitez vous rendre sur les lieux ?

C'était à deux pas : une maison du Bourg, proche de l'église, protégée par un haut mur à demi caché par d'énormes buissons d'hortensias roses et bleus. La barrière de bois peinte d'un blanc immaculé ouvrait sur un petit jardin où les agapanthes disputaient le terrain à d'autres fleurs dans un joyeux désordre coloré et odorant. La porte de la maison était munie de ses scellées qu'ôta Leblanc avec précaution. Il s'effaça pour laisser entrer Mary. On accédait d'emblée dans une vaste pièce dont le meuble principal était une massive table de bois sur laquelle trônait une soupière en faïence de Quimper sur un napperon d'un blanc crémeux. Contre cette soupière était appuyée une feuille de papier blanc pliée en quatre.

— Mais qu'est-ce que c'est ? s'écria Leblanc. Ce document n'était pas là hier, et les scellés étaient intacts à l'instant !

Mary sortit des gants de latex de sa poche, prit la feuille de papier avec précaution, la déplia et lut ce message sorti tout droit d'une imprimante d'ordinateur : *Rendez-vous sous le signe de saint Michel †*

— Qu'en pensez-vous, Leblanc ? demanda Mary.

— Cela me fait penser à la chapelle Saint-Michel bâtie sur le point culminant de l'île ; il y a une croix de pierre sur le tertre.

— Alors, allons voir.

Du Bourg, on gagnait la butte de Saint-Michel par de petits chemins serpentant au milieu de prés et de maisons nichées dans des bosquets. Partout, des fleurs multicolores et des bourdonnements d'abeilles au travail.

Vêtue d'une veste de lin sur un chemisier léger, d'un pantalon de toile clair et chaussée de tennis,

Mary se mit à grimper allègrement le petit raidillon coupé de marches qui menait à la chapelle badigeonnée de blanc, qui servait d'amer du haut de ses modestes vingt-six mètres d'altitude. Derrière, les gendarmes suivaient plus péniblement. En cette fin de printemps, ils avaient revêtu le pull réglementaire, avec le pantalon de drap « bleu gendarme » et la casquette, frappée de la grenade enflammée, dont la forme étrange était censée rappeler le képi traditionnel. Couasnon affichait en outre une surcharge pondérale certaine, et Leblanc ne semblait plus aussi svelte que jadis. Car Mary se souvenait fort bien du jeune et sémillant gendarme qui parcourait en courant la distance séparant le village de Huelgoat du hameau de Saint-Herbot pour venir lui apporter des renseignements confidentiels que l'adjudant-chef Mercier voulait lui cacher sur l'affaire Coppeau*.

Peut-être que si elle n'avait pas alors déjà fréquenté Lilian…**

— Dans la police, nous avons un avantage primordial sur la gendarmerie, messieurs, clama Mary en parvenant en haut de l'escalier.

— Ah oui, et lequel ? fit Leblanc, goguenard.

— Nous pouvons nous habiller comme bon nous semble !

Du haut de la butte, la vue était magnifique sur les îlots et les innombrables écueils constituant l'archipel de Bréhat. En contrebas une digue de pierre barrait une anse pour l'instant désertée par le flot et supportait une massive maison de granite : le moulin à marée du Birlot. À la croix de pierre, érigée en avant de la chapelle, pendait une cordelette attachant une feuille de papier semblable à celle trouvée dans la

** Voir Le testament Duchien.*

***Voir Roulette russe pour Mary Lester.*

maison de l'écrivain. Le nouveau message était tout aussi énigmatique : *Il fait la roue à l'extrémité de l'île.*

— Mais qu'est-ce que c'est que ce jeu de piste ! pesta Mary. On se croirait dans le jeu télévisé de la « Carte au Trésor » ! Ce nouveau message vous fait penser à quoi, chef ?

— À part à une plaisanterie douteuse, cet intitulé me fait penser au phare du Paon construit à l'extrémité nord-est de l'île, répondit Leblanc.

Redescendant la butte Saint-Michel, le trio prit la direction du nord, toujours dans le même paysage enchanteur et fleuri. En passant au centre du Bourg, ils se ravitaillèrent de sandwiches jambon beurre qu'ils grignotèrent en chemin. Ils atteignirent rapidement le petit port de la Corderie, où un petit pont franchissait un étroit bras de mer séparant les deux îles principales de Bréhat. Dans l'île nord, tout aussitôt le paysage changea. Les sentiers fleuris et les prés à l'herbe grasse faisaient place à une lande sauvage parcourue par un sentier entièrement soumis aux rayons ardents du soleil. Les quelques arbustes rabougris ne faisaient guère d'ombre à nos touristes malgré eux.

Dans ce paysage quasi désertique, Mary crut soudain être sujette à un mirage. Au détour d'un chemin, elle fit en effet une curieuse découverte.

— Des taureaux de combat ! Mais que font-ils dans cette île ?

Derrière une clôture qui paraissait plus symbolique que sécurisante, les deux bêtes, l'œil aussi noir que leur pelage, paissaient tranquillement dans un pré à l'herbe rase et chiche entre de petits rochers roses.

— Des toreaux de prés salés... plaisanta Leblanc en poursuivant son chemin.

Revenue de sa surprise, Mary lui emboîta le pas. Ils atteignirent après une marche presque harassante le phare du Paon, ouvrage en porphyre rouge qui avait remplacé vers 1948 l'ancien phare détruit par les Allemands durant la Seconde Guerre Mondiale. Une mer rugissante montait à l'assaut du promontoire rocheux déchiqueté sur lequel était bâti ce phare. Mais sur le petit muret de la plate-forme, une grosse pierre maintenait un nouveau message.

— Et voilà, cette fois je me crois devenue Nathalie Simon, ronchonna Mary.

— Et moi Philippe de Dieuleveult, renchérit Leblanc.

Le gendarme Couasnon, quant à lui, se contenta de sourire dans sa moustache.

Cette chasse au trésor ne semblait pas devoir s'arrêter ici, et dans l'île non plus d'ailleurs : *Un message vous attend au port de Paimpol.*

— De toute façon, mort ou vivant, notre homme n'est plus sur l'île, déclara Leblanc. Croyez bien que compte tenu de la notoriété de notre « client » nous avons fouillé chaque parcelle de terrain, chaque crique, chaque creux de rocher, y compris avec l'aide de chiens et de plongeurs.

— D'où ce nouveau rendez-vous sur le continent ? Je ferai peut-être bien d'y demeurer jusqu'à obtenir de plus amples informations, conclut Mary.

Mary Lester retraversa le chenal rapidement grâce à la vedette de la Gendarmerie, retrouva sa Twingo couleur de brume sur le parking écrasé de soleil et prit la route de Paimpol. Là, elle se gara sur un parking installé sur un terre-plein séparant deux bassins du port, descendit de voiture et regarda autour d'elle.

« Au port de Paimpol, oui mais c'est un peu vague. C'est l'aiguille dans la botte de foin… ou la bouteille à la mer », pensa-t-elle en voyant une bouteille de plastique voguer sur le bassin.

Il se faisait tard. Mary résolut de prendre une chambre dans un hôtel qui lui parut fort accueillant au fond du port. La propriétaire, qui répondait au prénom de Stéphanie, lui proposa une chambre qui, malgré sa superficie relativement réduite, était chaleureuse et avait un avantage indéniable: sa vue imprenable sur le port de Paimpol. Mary s'y installa, subjuguée par cette vue qui lui permettait d'apprécier l'animation sur les quais du port et la forêt de mâts que constituaient les innombrables embarcations de plaisance. Sur le côté, quelques bateaux de pêche rappelaient le passé maritime de Paimpol, le temps de la glorieuse aventure des terre-neuvas et autres Islandais qu'avait si bien décrite Pierre Loti et chantée Théodore Botrel. D'autant que devant sa fenêtre un vieux gréement bleu et blanc dressait ses trois mâts haubanés et présentait fièrement une proue décorée d'entrelacs vaguement celtiques; il arborait le pavillon britannique et un panonceau « à vendre ». Le ciel, maintenant d'un bleu plus pâle sous le soleil déclinant, était parcouru du vol plané de goélands criaillant à qui mieux mieux.

Mary dîna rapidement dans une crêperie renommée de la place du Martray toute proche, puis rejoignit son hôtel par le chemin des écoliers en flânant dans les ruelles pavées cernées de vieilles façades de granite ou à pans de bois. Au bout d'une rue, une place plantée d'arbres voyait se dresser, isolé, l'ancien clocher de l'église détruite par un incendie, qui semblait protéger le petit monument dédié à Botrel, le chantre de *La Paimpolaise* et de la fameuse mais improbable falaise.

Après une nuit calme, Mary descendit dans la salle où était servi le petit-déjeuner. Patrick, le mari de Stéphanie, s'activait à y distribuer les boissons chaudes tandis qu'un buffet sympathique offrait à volonté tartines, croissants, confitures, jus de fruit, yaourts, fromages, bacon, ou céréales. Assis à la table à côté de celle où elle s'installa, un vieux monsieur lui souhaita le bonjour avec un fort accent britannique. Dans un coin de la salle, un client la regardait avec insistance par-dessus l'exemplaire du *Télégramme* dont la lecture avait paru l'absorber tout d'abord.

Mary fit honneur au petit-déjeuner. Les croissants étaient excellents et elle se régala aussi d'une tartine de confiture de mûres s'accordant à merveille avec le traditionnel beurre salé. Tout en terminant à petites gorgées son thé au lait, elle songeait à son énigme et se dit qu'elle allait appeler le commissaire Fabien pour prendre conseil. Pour une fois, elle se sentait un peu déroutée. Le lecteur de journal se leva en repliant le Télégramme qu'il déposa nonchalamment sur une tablette proche de la table de Mary avant de s'éclipser. Celle-ci le prit à son tour pour jeter un coup d'œil sur les titres des nouvelles qui, comme à l'accoutumée, annonçaient le lot quotidien de catastrophes, d'accidents voire de guerres qui animaient notre belle planète. En le dépliant, elle eut la surprise de trouver le nouveau message inespéré : *Vous irez droit à la solution si vous allez au beau port.*

— S'il vous plaît, Monsieur, fit-elle au tenancier de l'hôtel, le « beau port », ça vous dit quelque chose ?

— L'abbaye de Beauport, sans doute? C'est une abbaye en ruine qui se trouve au fond de l'anse de Kérity, à la sortie de Paimpol, sur la route de Saint-Quay-Portrieux. Un monument historique très intéressant.

Ayant achevé son petit-déjeuner, Mary régla sa note, regagna sa Twingo et prit la direction de Saint-Quay-Portrieux dont l'évocation lui rappelait des souvenirs à la fois sentimentaux et terribles, son amour débutant pour Lilian Rimbermin et les morts violentes des cinq frères Lissenkov*.

Après avoir traversé le bourg de Kérity, elle entrevit les murs ruinés de l'abbaye de Beauport, embouqua l'entrée du parking et se dirigea vers le bureau d'accueil. Là, elle ne sut plus que faire et lança des regards interrogateurs aux quatre coins de la pièce. La femme qui tenait la caisse l'interpella.

— Vous cherchez quelque chose, Mademoiselle?

— Oui, mais ce n'est pas très simple à expliquer. Je suis officier de police et…

— Seriez-vous le capitaine Lester?

— Oui.

— En ce cas, j'ai une enveloppe qu'un visiteur a laissée pour vous tout à l'heure.

Ouvrant fébrilement cette enveloppe, Mary découvrit ce qui semblait être le dernier message de cet horripilant jeu de piste : *Vous me retrouverez sous les sabots de Foyatier, vendredi à 22h45.*

— Merci, Madame, fit-elle à la caissière. Je reviendrai sans doute un jour visiter cette abbaye qui me semble assez attrayante.

« Eh bien, songea-t-elle, voilà un rendez-vous bien

* *Voir Roulette russe pour Mary Lester.*

mystérieux mais que je me dois d'honorer. Encore faut-il que je déchiffre cette ultime énigme! »

Ayant regagné le parking, elle ouvrit le coffre de sa voiture et prit son ordinateur portable. Elle entra dans la crêperie qui faisait face au parking de l'abbaye. Non seulement il était bientôt l'heure de se sustenter d'une galette arrosée d'une bolée de cidre, à moins qu'elle opte pour une salade composée, mais elle avait aussi repéré sur la devanture le petit logo indiquant que l'établissement était doté de la wi-fi. Elle se connecta à l'Internet et confia le nom de « Foyatier » aux bons soins d'un moteur de recherche. Elle apprit ainsi que Denis Foyatier était un sculpteur du XIXe siècle à qui l'on devait, entre autres œuvres, une monumentale statue équestre de Jeanne d'Arc ornant la place principale d'Orléans. Le disparu étant citoyen orléanais, la lumière se fit soudain dans l'esprit de Mary Lester à propos de l'intitulé étrange de l'énigme: il ne pouvait s'agir que des sabots du cheval sculpté par Foyatier pour l'héroïne nationale... Et le petit malin qui avait concocté les énigmes s'était permis l'astuce de fixer l'heure du rendez-vous à 22h45: 22 comme Côtes d'Armor et 45 comme Loiret... Eurêka! Mary ne doutait plus que tout cela n'était qu'un canular monté par l'écrivain lui-même, mais dans quel but? Elle téléphona au maréchal des logis-chef Leblanc, puis au commissaire divisionnaire Fabien pour leur annoncer qu'elle pensait pouvoir tout prochainement parvenir à boucler l'enquête. Au dernier, elle demanda l'autorisation de se rendre officiellement à Orléans, et elle sollicita en outre l'assistance de son équipier Jean-Pierre Fortin qu'elle appelait affectueusement Jipi. Si jamais l'affaire devait en fait tourner mal, l'imposante carrure de celui-ci pourrait lui être utile. Jipi lui avait déjà si souvent sauvé la vie !

Le lieutenant Fortin rejoignit le capitaine Lester à Paimpol le lendemain, jeudi. Ils se permirent de déguster un plateau de fruits de mer dans un charmant restaurant du port, à la façade ruisselante de géraniums-lierre du plus beau rouge, avant de prendre la route de Saint-Brieuc, Rennes, Le Mans et ils arrivèrent à Orléans en fin d'après-midi.

Après une nuit de repos dans un hôtel de l'entrée de la ville semblable à toutes les entrées de ville, Mary Lester prit contact avec le commissaire divisionnaire Picard, à l'hôtel de police d'Orléans, le vendredi matin. Le commissaire se montra étonnamment déférent et coopératif, comme si des ordres supérieurs lui avaient été donnés. Il assura le capitaine d'un dispositif adéquat, une équipe de « bleus » devant assurer une surveillance discrète de la place du Martroi au centre de laquelle avait été érigée en 1855 la fameuse statue équestre de la Pucelle d'Orléans. Après un après-midi consacré à une visite du centre ancien de la ville, de l'imposante cathédrale Sainte-Croix et du musée des Beaux-Arts où Mary s'émerveilla devant une exceptionnelle collection de portraits au pastel du XVIIIe siècle, les deux policiers quimpérois s'installèrent pour dîner, face à la statue de Jeanne d'Arc, à la terrasse d'une brasserie qui avait pignon sur la place du Martroi. Et quel pignon ! Tout bonnement la façade de la chancellerie des ducs d'Orléans, ce nom de chancellerie servant d'enseigne à l'établissement… La nuit tomba peu à peu et un éclairage de rêve inonda la place, mettant en valeur les façades, la statue de l'héroïne et sa décoration florale. L'heure fatidique approchait.

Et soudain, semblant surgie de nulle part, une silhouette se profila devant la statue de la Pucelle, sous le sabot de l'antérieur droit levé du destrier. Une silhouette dotée de cheveux hirsutes et d'une barbe qui l'était tout autant. Mary reconnut immédiatement ce personnage qu'elle rejoignit en quelques rapides enjambées.

— L'Archiduc!*

— Comte Tugdual de Kermervan, pour vous servir, jeune et jolie personne! rectifia le marginal que Mary avait connu à Quimper et qui semblait devenu plus policé. De mon nom de plume…

— … Morice Neugênois! sanctionna Mary.

— Eh oui! Après avoir vogué dans les eaux merveilleuses de paradis fiscaux avec mon ami Hubert de La Hourmerie, grâce au produit détourné du casse de la bijouterie Altobello*, j'eus la nostalgie de la France et vins m'installer dans cette Vallée des Rois pour tenter de profiter de mes quelques talents littéraires.

— Ce qui vous a bien réussi! Avec à la clé le prix Goncourt pour une histoire de braconniers, à l'instar de l'un de vos illustres prédécesseurs.**

L'Archiduc, ou plutôt le comte, fit le modeste et voulut entraîner Mary sur un autre sujet.

— Avez-vous remarqué, jeune fille, que vous avez commencé votre enquête sous le signe de saint Michel, dont Charles VII fit le saint patron de son royaume au temps où il doutait de lui-même dans sa jeunesse, et que vous la terminez à Orléans sous le

* *Voir* Les diamants de l'Archiduc.

** *Maurice Genevoix (1890-1980), écrivain régionaliste ligérien, prix Goncourt en 1925 pour Raboliot.*

signe de sainte Jeanne d'Arc, dont la victoire en 1429 conforta le même roi à entreprendre la reconquête de sa couronne en boutant les Anglais hors de France ?

— Dîtes donc, môssieur le comte, qu'est-ce que c'est que cette plaisanterie de jeu de piste historico-touristique à laquelle vous nous avez soumis ? Aux frais du contribuable ! Savez-vous ce que coûte un déploiement de gendarmerie et de police tel que celui que votre pseudo-disparition a suscité ?

— Tout doux, chère amie. Ce sera en tout cas pour le bien de la promotion du tourisme en Bretagne, particulièrement à Bréhat et Paimpol, et aussi dans ma désormais bonne ville d'Orléans ! Car lorsque le récit de votre aventure sera publié, gageons que l'incitation des lecteurs sera forte de se rendre en ces lieux ! Et puis, ajouta-t-il avec un clin d'œil appuyé, tout cela fut organisé avec la bénédiction d'une haute autorité…

Il marqua une pause et son regard se porta derrière Mary.

— Bonjour, capitaine Lester, fit une voix bien connue de celle-ci.

— Contrôleur général Mervent !* s'exclama Mary en se retournant, allant de surprise en surprise.

— Capitaine, fit l'ex-patron et protecteur de Mary, j'espère que vous vous êtes bien amusée avec cette petite enquête que vous avait concoctée mon facétieux ami le comte de Kermervan. Car j'ai maintenant pour vous une affaire autrement délicate à vous soumettre. Un véritable massacre a été commis dans un village de Sologne et les enquêteurs du commissaire Picard, hélas, n'avancent guère dans leurs investigations. Alors j'ai pensé que vous…

* *Voir :* Ça ira mieux demain.

— Putaing, c'est reparti ! bougonna Fortin, qui avait rejoint le petit groupe au centre de la place.

— Mais, conclut celui que le monde de la littérature connaissait désormais sous le pseudonyme de Morice Neugênois, comme disait mon excellent confrère Kipling, ceci est une autre histoire.

Meurtre au pays du fer

Alain Grandil

Le patron avait été clair : l'enquête sur le meurtre de Karine Valéra devait être bouclée rapidement. Il y avait cependant un nouveau paramètre dont il allait falloir tenir compte : pas question de mener l'enquête en solo cette fois-ci. Dans le cadre d'échanges de compétences prônés par le ministre de l'intérieur, elle serait menée conjointement par un officier de police du commissariat de Thionville, à savoir moi-même, et un capitaine détaché du commissariat de Quimper, du Finistère.

Je m'appelle Gil Renaud, 34 ans, célibataire. Je suis lieutenant de police affecté au commissariat de Thionville en Moselle. J'enquête le plus souvent sur des affaires criminelles qui me sont confiées par le commissaire Juin, récent patron du tout nouveau commissariat de la ville. Généralement, je travaille avec un collègue de l'unité d'investigations et les différents policiers mis à contribution au gré des enquêtes, mais parfois seul. Depuis un an, la circonscription de Police de Thionville et environs détient le meilleur taux d'élucidation des crimes et délits, ce qui fait de nous des leaders au niveau national, enfin si l'on peut dire. Pour moi, cela relève plus de la théorie que d'une réelle performance locale… Je suis persuadé, qu'ici comme ailleurs, nous faisons notre boulot comme tous les flics doivent le faire. Ni mieux, ni moins bien. Je veux dire avec professionnalisme et motivation. Cependant, comme me l'avait expliqué le commissaire Juin, la nécessité de jouer la carte de l'interactivité entre les enquêteurs de toutes les régions de France était devenue une priorité s'imposant pour une excellence de la Police dans tout le pays. Je n'y avais rien trouvé à redire.

Dans le cas présent, concernant l'assassinat d'une jeune femme, mon coéquipier, ou plutôt ma coéquipière désignée, s'appelait Mary Lester. J'avais entendu parler d'elle et de ses nombreux succès dans différentes affaires, toutes résolues et qui lui valaient une certaine notoriété au sein de la grande maison. À n'en pas douter, il s'agissait d'une « grosse pointure » au vu de ses états de service. Un écrivain breton, Jean Failler, s'était même inspiré de ses enquêtes les plus réussies pour écrire des romans policiers. C'est pourtant sans état d'âme particulier que j'étais allé la chercher à l'aéroport de Metz-Nancy Lorraine pour la conduire à son hôtel avant de débuter l'enquête avec elle dès le lendemain. Les collègues de la cellule d'investigations n'avaient pas manqué de me charrier lorsque je leur avais annoncé l'arrivée d'une nouvelle enquêtrice venant de Bretagne :

— Alors Gil, c'est aujourd'hui que tu vas chercher la Bigoudène? avait demandé, hilare, le lieutenant Varzi, un méridional bon teint qui avait gardé de ses dernières vacances en Bretagne un souvenir calamiteux tant le climat lui avait déplu. Pense à prendre une voiture à toit ouvrant, sinon, avec sa coiffe elle risque d'avoir un fameux torticolis en arrivant!

Et il s'était tordu de rire sous le coup de sa plaisanterie.

— Écoute, Varzi, tu peux garder tes plaisanteries d'un autre âge pour toi. Cette Bigoudène, comme tu dis, est capable de nous en remontrer à tous ici ! Il n'est pas question de la sous-estimer, crois-moi ! Et n'oublie jamais que rien n'est acquis. Ce n'est pas parce que nous sommes le meilleur commissariat de France que nous sommes les meilleurs enquêteurs du pays !

Varzi en était resté bouche bée, comme si j'avais mis en doute le prestige qu'il avait fait sien depuis que les médias avaient encensé le commissariat pour lequel il travaillait. Prestige qui n'avait pu que rejaillir sur lui. Je l'avais planté là sans plus de commentaires, le laissant seul avec ses certitudes contrariées.

Mary Lester était une jolie jeune femme blonde à la silhouette fine. Très féminine, elle paraissait presque fragile. Ses cheveux tirés en arrière et noués en natte dans le dos dévoilaient un visage aux traits fins dans lequel ses yeux d'un bleu profond dénotaient une forte personnalité qui démentait toute idée reçue sur les femmes flics. Nous avions sympathisé de suite, et sur le chemin du retour nous avions parlé de choses et d'autres sans pour autant oublier l'enquête qui allait nous occuper les prochains jours et pour laquelle nous allions devoir unir nos efforts. Je précisai à Mary que l'identité judiciaire avait déjà procédé aux divers constats et analyses suite à l'assassinat d'une jeune serveuse de bar, la veille, alors qu'elle venait tout juste de regagner son domicile peu après 17 h 00. Je lui racontai que la victime avait été retrouvée morte chez elle, tuée de 3 balles de 9 mm en pleine poitrine, tirées presque à bout portant. La jeune femme, Karine

Valéra, âgée de 28 ans, était connue à Thionville où elle menait une existence discrète. Une enquête de voisinage avait rapidement permis de mettre à jour l'absence de témoins du drame.

— Et qu'est-ce que vous en pensez, Gil? me demanda Mary.

— Eh bien, dis-je, un peu embarrassé, je n'en sais pas beaucoup plus pour le moment. Il peut s'agir d'une agression crapuleuse qui aura mal tourné. Ou bien…

— Ou bien?

— Ca pourrait être un crime passionnel. Karine était une jolie femme. Elle ne devait pas manquer de soupirants, avec toutes les jalousies et convoitises que ça peut susciter, lâchai-je. Mais ce ne sont que des suppositions… On ne connaît pas grand-chose de sa vie privée.

— Un début de piste peut-être? continua Mary en se tournant vers moi.

Je la regardai brièvement à mon tour avant de me concentrer à nouveau sur la circulation qui se densifiait sur l'A31 aux abords de Metz.

— J'ai pensé, dis-je après un léger temps de réflexion et un long soupir, que son petit ami pouvait être dans le coup. Enfin, juste pensé.

Comme elle gardait le silence, je continuai:

— Vous savez, à ce stade de l'affaire, il est trop tôt pour tirer des conclusions, pourtant je peux déjà vous dire que le petit ami en question était sans doute sur un siège éjectable.

— Vous voulez dire qu'elle voulait le quitter?

— On peut dire ça comme ça, oui. Il lui avait écrit peu avant le drame pour la supplier de ne pas le laisser tomber, qu'il l'aimait et voulait l'épouser... Oui, je sais, ça ne prouve rien, mais...

La phrase était restée en suspens et la conversation s'était faite plus légère pendant le reste du trajet jusqu'à Thionville où je déposai Mary à son hôtel.

Lorsque j'arrivai au commissariat, le lendemain matin, Mary Lester était déjà là. Sans doute attendait-elle d'être reçue par le patron. Celui-ci, selon ses habitudes, n'arriverait certainement pas avant 9 heures. En attendant, je saluais ma coéquipière et remarquais qu'elle s'était déjà procuré le dossier de l'enquête évoquée la veille. Les formalités de bienvenue, l'entretien avec le capitaine Lester ainsi que la présentation aux autres enquêteurs et au personnel en tenue furent vite expédiés par le commissaire Juin. Désormais, place était faite à l'enquête et à sa bonne marche qu'aucun retard ou temps mort ne devait entraver. Une affaire de prestige, en quelque sorte, car menée avec un policier étranger au commissariat. Rapidement, Mary et moi nous retrouvâmes dans un petit bureau attenant au grand hall, un peu à l'écart du trafic habituel en ces lieux. Je laissai à Mary le soin de s'exprimer d'abord après qu'elle eut pris connaissance des premiers éléments de l'affaire.

— Eh bien, dit-elle, les amoureux éconduits n'y vont pas de main morte par ici! C'est fréquent en Lorraine?

— Certainement pas plus qu'ailleurs, répondis-je. Mais cela arrive, hélas. Désolé, mais il a fallu que ça tombe sur vous, soupirai-je.

— Ne vous en faites pas, Gil, vous savez, je suis habituée aux affaires criminelles. Bien sûr, nous avons à enquêter sur un meurtre navrant. Mais à nous de retrouver l'assassin de cette pauvre jeune fille. C'est le moins que l'on puisse faire, pas vrai ?

— Son enthousiasme me confortait sur un point. J'avais affaire à un vrai flic, fut-elle une femme à l'allure vaguement fragile.

— On commence par quoi ? continua-t-elle.

— On va aller rendre visite à son petit ami, Julien Spiro. Vous venez ?

— Affirmatif ! plaisanta Mary.

Peu après, nous roulions en direction de Florange à bord d'une Mégane banalisée. Je souris intérieurement en pensant que celle-ci n'avait pas de toit ouvrant. Mary Lester, nue tête et élégamment vêtue d'un jean et d'un blouson de cuir beige, n'en avait pas besoin, contrairement aux allégations vaseuses de Varzi. Elle put, à un moment, remarquer les usines sidérurgiques qui bordaient la route.

— Le gros de l'industrie locale, commentai-je en remarquant l'intérêt qu'elle semblait porter aux massives constructions d'acier. Mais pour combien de temps encore ?

— Je sais, fit Mary, on a tellement parlé de casse industrielle en ce domaine ces derniers temps... J'avais un oncle qui travaillait par ici, à la Sollac je crois. Il était contremaître et venait souvent nous voir en Bretagne pendant les vacances d'été...

Je sonnai à la porte de Julien Spiro. Mary Lester se tenait près de moi. Nous avions toutes les chances de le trouver chez lui, car nous savions qu'employé chez Arcelor, il avait travaillé cette nuit. Si nous espérions cueillir le suspect au saut du lit, nous nous trompions lourdement. Mon portable se mit à sonner. C'était le brigadier Paul qui m'apprenait que Julien Spiro s'était tué en voiture peu après 5h00 du matin, non loin de Guénange. Pour un mauvais coup, c'en était un fameux! Très vite, nous nous rendîmes sur les lieux de l'accident. Le SAMU, les pompiers ainsi que la Gendarmerie étaient encore sur place, probablement alertés bien après le drame. Si pour la victime il n'y avait plus rien à faire, restait pour les enquêteurs à déterminer les causes de l'accident. Apparemment, la Clio du jeune homme avait quitté la route en sortie de virage, juste avant d'aborder un pont qui enjambait la Moselle. Malgré de courtes traces d'un puissant freinage, la voiture avait franchi le terre-plein en amont du pont puis avait dévalé une légère pente qui menait à la rivière avant de venir percuter un mur de béton près de 10 mètres en contrebas. À voir ce qu'il restait de la voiture, le choc avait dû être d'une rare violence. Après avoir montré patte blanche aux gendarmes, nous nous approchâmes de la carcasse de la voiture. La portière côté passager était grande ouverte et toute tordue, telle un couvercle de boîte de sardines. Le tableau de bord disloqué laissait apparaître une boîte à gants béante dans laquelle se trouvait, surplombant cartes routières et objets divers, un pistolet automatique.

En fin de matinée, le labo et la balistique avaient pu établir que l'arme - un Walther P38 - était bien celle ayant tiré les 3 balles qui avaient tué Karine Valéra. De plus, les seules empreintes découvertes sur celle-ci étaient celles de Julien Spiro.

— Il semble que vous ayez vu juste, Gil, me souffla Mary, quelque peu ébranlée par la succession des évènements tragiques que nous avions pris en compte.

— Ouais, fis-je, maussade. À tous les coups ce type n'aura pas accepté que son amie le quitte… En sortant du boulot aux aurores, ne pouvant supporter de l'avoir tuée, il aura voulu se foutre en l'air avec sa voiture. En tout cas, il ne s'est pas loupé…

— C'est probable, fit Mary, mais, vous avez vu ces traces de freinage sur la route?

— Dernier réflexe avant d'en finir, instinct de conservation, je ne sais pas… Mais trop tard de toutes façons.

— Il y avait aussi des traces de peinture bleu vif sur la voiture accidentée, fit Mary absorbée dans ses réflexions. À l'arrière droit… Et puis, continua ma coéquipière bretonne, plus opiniâtre que jamais, si ce jeune homme voulait se suicider, il aurait aussi bien pu se servir du pistolet non?

— Oui, concédai-je, il aurait pu, mais il ne l'a pas fait.

Nous en étions là de nos réflexions lorsque Mary Lester se leva et se mit à arpenter le petit bureau que nous occupions, comme s'il était soudain devenu trop petit pour elle.

— Dites-moi, Gil, vous pensez clôturer l'enquête?

— Il y a des chances en effet, répondis-je un peu contrarié. Plus de témoin, plus d'enquête… De toute évidence, il s'agit là d'un crime passionnel, et tout semble accabler Spiro. Cependant, je pense qu'avant de clôturer quoi que ce soit, vous souhaitez sans doute continuer un peu les investigations, non? Je ne voudrais pas que vous retourniez frustrée à Quimper, Mary!

— Eh bien, mon cher Gil, fit-elle, vous ne croyez pas si bien dire! Et je suis heureuse que vous m'évitiez cette frustration, en effet.

— OK Mary, et c'est bien naturel. Mais de vous à moi, vous avez des indices, un début d'idée, bref quelque chose qui puisse vous faire penser qu'il y a une autre piste à explorer ?

— Peut-être bien, Gil, peut-être bien, fit-elle énigmatique.

Dès le début de l'après-midi, nous étions dans l'appartement qu'avait occupé Karine Valéra. On voyait encore, tracée sur le sol à la craie, la silhouette de la jeune fille assassinée. Tout était en ordre par ailleurs. Le lit n'était pas défait. Accrochées aux murs, quelques reproductions de tableaux et des photographies épinglées. Mary s'approcha de l'une d'elles et la décrocha. On y voyait la jeune femme en compagnie d'un pilote automobile, tous deux appuyés contre le flanc d'une voiture de rallye. Je reconnus tout de suite la Subaru d'un des pilotes locaux, habitué des courses régionales.

— Vous connaissez ce type ? demanda Mary.

— Oui, il est assez connu par ici dans le milieu du sport auto. Willy Urbach, la quarantaine, pilote en national depuis une quinzaine d'années, ferrailleur de son état. Il vous intéresse ?

— Il connaissait la victime en tout cas, vous avez lu la dédicace sur la photo ?

On pouvait en effet lire au bas du cliché *À Karine, affectueusement, souvenir du Rallye des Cimes 2006.*

— En effet, dis-je, sans doute un rival de ce pauvre Spiro. Allons rendre visite à Willy, ce n'est pas bien loin d'ici. À cette heure-ci, il doit être au bercail.

Le bercail de Willy Urbach était un vaste enclos, protégé par de hauts murs surmontés de solides grillages et qui abritait toutes sortes de carcasses et de débris métalliques d'origines diverses. Une vieille grue jaune sur roues, armée d'une sorte de pince aux griffes impressionnantes, était énergiquement employée à entasser tout cet enchevêtrement. Le bureau du pilote-ferrailleur se tenait au fond du périmètre de stockage. Il s'agissait d'une baraque métallique attenante à un hangar en tôle ondulée. Une inscription sur la porte d'entrée annonçait la couleur: « W. Urbach. Recyclage de métaux. Ma vie: la ferraille et la course ». L'inscription sembla intriguer Mary Lester, tout comme le personnage d'ailleurs qui d'emblée ne s'était nullement démonté en voyant la police débarquer dans son antre. Ce dernier répondit d'ailleurs point par point à toutes nos questions. Oui, il connaissait Karine Valéra, mais sans plus. D'après lui, juste une de ces nénettes qui gravitent dans le milieu de la course auto pour y côtoyer des pilotes. Non, il ne l'avait pas revue après la dernière édition du rallye des Cimes dans lequel il avait fini 7e au classement général. Non, il n'avait jamais entendu parler de Julien Spiro. Lorsque Mary lui demanda ce que lui avait inspiré le meurtre de la jeune femme, Willy fit la moue puis hocha la tête d'un air dubitatif.

— Pour moi, celui qui a fait ça, c'est un cinglé, assura-t-il. Pour flinguer une fille comme elle, faut vraiment être taré. Et un taré dans ce genre-là, je le foutrais bien dans ma presse, si vous voyez ce que je veux dire.

— On m'a dit que vous faisiez des rallyes, Monsieur Urbach, demanda Mary. Pourrait-on voir votre voiture de course?

— Pourquoi? Vous vous intéressez aux autos de course dans la Police? demanda-t-il goguenard à ma coéquipière.

Quelques instants plus tard, nous étions dans le hangar qui jouxtait le bureau du ferrailleur. Éclairé par de puissants néons, celui-ci dénotait d'une volonté d'ordre et de propreté. Tout y était bien rangé, le matériel comme l'outillage, ce qui contrastait avec les amoncellements de métaux du parc extérieur. Dans le fond du hangar était tapie la Subaru bleu métallisé, impressionnante avec ses décorations jaune vif et ses grandes roues dorées aux pneus dépourvus de sculptures. Trapue et ramassée, elle évoquait un fauve prêt à bondir. Mary fit le tour de la voiture de course, l'inspectant soigneusement, touchant du doigt la carrosserie rutilante.

— On dirait que cette partie a été réparée et repeinte fit Mary en désignant l'aile avant gauche de la voiture tandis que son regard, devenu plus dur, fixait Urbach.

— Ouais, fit Willy laconique, j'ai un peu tapé au rallye des Cimes. Ca arrive souvent en compétition et on doit faire de la carrosserie, c'est clair.

— Ah bon, coupa Mary, vous avez tapé ! C'est bizarre, parce que ça ne se voit pas sur la photo ! Et elle lui mit prestement sous le nez le cliché prélevé chez Karine Valéra. Cette photo a été prise à l'arrivée de la course ! « Arrivée », c'est écrit dessus. Et comme vous pouvez le constater, l'aile en question est intacte !

Je compris d'un coup ce que Mary avait en tête. Pour elle, c'est Urbach qui avait provoqué l'accident de Julien Spiro. Pour elle, la thèse du suicide de ce dernier ne tenait pas. Par contre, il était plausible qu'Urbach ait voulu éliminer Spiro pour avoir tué Karine Valéra qu'il devait convoiter. Évidemment, tout cela restait à prouver, et je me tenais sur mes gardes, prêt à intervenir dans le cas d'une mauvaise réaction du gaillard. Contre toute attente, celui-ci se contenta de hausser les épaules.

— Et alors, fit-il l'air mauvais, qu'est-ce que ça peut foutre? La caisse était abîmée et j'ai dû réparer! Point barre!

— Et où donc avez-vous abîmé votre « caisse », Monsieur Urbach? lui demanda Mary sans le lâcher du regard.

— J'en sais rien et je m'en tape, ça vous va comme ça?

Mary Lester fit quelques pas et, comme si elle n'avait pas entendu la réplique du ferrailleur, elle lui demanda le plus innocemment du monde:

— Dites-moi, Monsieur Urbach, vous vous intéressez aux armes à feu?

— Pourquoi? demanda-t-il, sur ses gardes.

Il semblait se méfier à présent de cette femme flic qu'il avait considérée au départ comme une nana insignifiante, fut-elle capitaine de police.

— Je vous ai posé une question, insista Mary.

— J'en ai rien à foutre des armes à feu! Mes passions à moi, c'est mon boulot et la course!

Sur la route qui nous ramenait à Thionville, je sentais à présent que nous étions sur une nouvelle piste. Ma coéquipière avait clairement soupçonné Willy Urbach. Peut-être avait-elle raison. En tout cas, j'étais persuadé qu'il allait falloir poursuivre plus loin nos investigations et tenter de trouver le lien qui reliait Spiro à Urbach. Même si ce dernier avait nié le connaître, rien n'était moins sûr, et j'étais persuadé que Mary pensait la même chose. Peut-être même en savait-elle un peu plus. Lorsque je fis part à ma coéquipière de mes réflexions, elle me regarda malicieusement et me dit :

— Bien vu, Gil ! Et elle continua, enthousiaste : Vous avez vu comme il l'avait mauvaise, le ferrailleur ? Et je la vis sourire malicieusement.

— J'ai vu, répondis-je songeur. Au fait, pourquoi lui avez-vous demandé s'il s'intéressait aux armes à feu ?

— Parce que, dit-elle, devenue soudain grave, je pense qu'il s'est servi du P38 retrouvé dans la voiture de Spiro pour tuer Karine Valéra.

Je n'étais pas encore au bout de mes surprises. Au commissariat, Mary Lester se mit en devoir de m'expliquer comment elle en était arrivée à cette déduction. Cela tenait à une lettre de Karine trouvée le jour même au domicile de Julien. Elle s'y était rendue peu après midi, avec ma bénédiction, pendant la pause déjeuner. Une vraie pro, Mary… Elle me tendit la lettre que je parcourus d'un trait :

Julien chéri, il n'est absolument pas question que je te quitte. Mais il faut que je change d'air pendant quelque temps. Urbach m'a menacée ! Ce salaud veut m'obliger à travailler pour lui dans une boîte au Luxembourg… Comme j'ai refusé plusieurs fois, il ne me laisse pas en paix et je commence à avoir très peur. L'autre jour il m'a giflée et m'a menacée de mort. Quant à toi, il faut que tu ailles à la Police pour leur dire qui il est vraiment. Mais surtout fais très attention à toi, car il a toujours un flingue sur lui. C'est un fou et il est dangereux ! Si tu savais comme je regrette que nous ayons été voir ce rallye… Je te contacterai dans deux ou trois jours sur ton portable, mais il faut vraiment que je me casse d'ici car je ne vois pas d'autre solution pour le moment. Surtout, va voir les flics ! À bientôt, mon amour, en espérant que ce type cessera d'être une menace pour nous. Et le plus tôt sera le mieux. Je t'aime, Karine.

Willy Urbach fut aussitôt arrêté. Au terme d'une garde à vue mouvementée, il avoua avoir tué Karine Valéra. « Elle était pour moi ou pour personne ». Ce fut le seul argument qu'il avança pour justifier son geste. Julien Spiro lui étant apparu comme un rival gênant qui ne manquerait pas de l'accuser, il devenait urgent pour lui de l'éliminer. Après une course-poursuite, alors que le jeune homme quittait son poste de travail, il l'avait forcé à tenter de lui échapper. La Clio avait fini par déraper dans un virage et il lui avait porté l'estocade en le percutant violemment par l'arrière, provoquant l'accident. Il ne s'était pourtant pas arrêté là. Après avoir planqué la Subaru dans un chemin de traverse, il était descendu voir. Apparemment, Julien Spiro était mort sur le coup. C'est alors qu'il eut l'idée de nettoyer son P38, de le placer dans la main du jeune homme puis de le déposer dans la boîte à gants de la Clio disloquée. Il pensait ainsi se disculper en accusant un mort du crime qu'il avait commis. Et ça avait failli marcher !

C'était compter sans Mary Lester qui me laissa les honneurs de cette enquête résolue (une de plus). Ce dont je ne tirais aucune fierté…

Depuis, je songe vraiment à aller passer mes prochaines vacances en Bretagne !

Casse-pipe

Par François Marot

Vendredi 7 novembre, Concarneau est désert. L'horloge lumineuse de la vieille ville, qu'on aperçoit au-dessus des remparts, marque onze heures moins cinq…

On était bien un vendredi, il était bien onze heures moins cinq, mais on était en juin, pas en novembre, comme dans les premières pages du *Chien Jaune*, ce roman que Georges Simenon a écrit à Concarneau.

Et surtout, on était en 2008 et non en 1930. Les élégants dundees de bois, de toile et de chanvre avaient disparu, laissant place aux grands chalutiers d'acier rouillé, en attente du déchargement de leur pêche devant le long bâtiment blanc de la criée.

Les chaloupes sardinières noires, aux voiles ocres, fines et élégantes comme des oiseaux du grand large n'existaient plus que sur les cartes postales et dans la mémoire nostalgique des plus anciens. De petits bateaux à moteur et à coque plastique les avaient remplacées. On les appelait « les côtiers », car ils ne perdaient guère le littoral de vue, partant aux aurores et rentrant pour la vente de dix heures avec des poissons vivants et des langoustines frétillantes, pour le plus grand plaisir des touristes et des gourmets.

En attendant l'heure de la marée, ils reposaient sagement amarrés à un ponton flottant au milieu du port.

L'horloge du beffroi qui domine le pont-levis menant à la ville Close venait de s'éclairer et, bien qu'il restât encore un peu de jour dans le ciel rose et bleu, les projecteurs qui mettaient en valeur les formidables murailles de pierre dressées par Vauban pour défendre le port contre l'Anglois s'allumaient à leur tour. Et les pavillons multicoloresn, qui au moindre souffle, s'étiraient dans le vent, pendaient mollement le long de leurs hampes plantées sur le glacis de la forteresse. En cette belle soirée de juin, douce et tiède, les places étaient chères aux terrasses des bars quai d'Aiguillon. Dans la pénombre qui tombait, des escadrilles de martinets surgissaient au ras des toitures en poussant des cris aigus. Les gros goélands gris et blanc alignés sur les mains courantes face à la ville close avaient commencé leur nuit, indifférents aux couples enlacés qui les frôlaient. Par-dessus les mâts de l'avant-port désormais réservé à la plaisance, où les yachts étaient garés comme des voitures sur un parking, on apercevait la mer où des feux rouges et verts s'allumaient; les Glénan s'ennoyaient dans la brume de chaleur, faisant mentir le mauvais dicton qui prétend qu'à Concarneau, quand on voit les îles c'est qu'il va pleuvoir, et que, quand on ne les voit pas, c'est qu'il pleut.

Mary Lester attendait son ami Lilian à la terrasse des *Korrigans*, la taverne de son amie Guitte, hélas disparue dans des circonstances tragiques.

La mythique *Taverne des Korrigans*... La seule maison du quai Peneroff qui avait survécu à la fièvre immobilière qui, à Concarneau comme ailleurs, avait sévi. Une très vieille maison à deux étages, avec pignon sur rue, comme on n'en voit plus que dans les livres d'histoire illustrés et dans quelques vieilles cités qui honorent leur passé. Elle avait été bâtie en un temps lointain où ce parking planté de palmiers en pot était encore le bassin Peneroff et qu'il accueillait des centaines de chaloupes à voile qui venaient livrer leur pêche de sardines aux « fritures » toutes proches, ainsi appelait-on alors les premières conserveries. La *Taverne des Korrigans* avait probablement commencé par être un bistrot de pêcheurs comme presque toutes les maisons du quai. Tandis que les maisons voisines tombaient sous la pioche des démolisseurs pour faire place à des banques, des commerces, des restaurants, elle avait conservé toute sa coquetterie d'aïeule, son plafond bas, sa grande cheminée dans la salle obscure peuplée d'une armée de korrigans de bois qu'Henri, le défunt mari de Guitte, avait sculptés dans des troncs de vieux chêne. Qui entrait dans ces lieux pour la première fois était saisi par l'atmosphère étrange qui s'en dégageait. On baissait instinctivement la voix, comme lorsqu'on entre dans un sanctuaire. Du temps de Guitte, c'était surtout le sanctuaire de la fête et de la bonne humeur. Par bonheur, ses enfants maintenaient la tradition.

Ce soir-là un excellent quartette de jazz se produisait dans l'établissement bondé. Mary ne se souciait pas d'y entrer. Trop de fumée de cigarettes, trop de bruit sous le plafond bas, trop de promiscuité. Guy, le serveur, en chemise déjà tachée de sueur, s'efforçait de se frayer un passage parmi les danseurs s'agitant en cadence, son plateau de demis de bière à bout de bras.

Mary se trouvait bien à l'extérieur. Elle était attablée devant un Coca, regardant paisiblement les gens passer sur la promenade en goûtant la musique qui lui parvenait, assourdie. Enfin, elle se serait trouvée encore mieux si un fâcheux ne s'était imposé à sa table quasiment sans s'excuser, en terrain conquis.

C'était un bellâtre d'une trentaine d'années qui faisait des mines en allumant des cigarettes anglaises avec un briquet paraissant taillé dans un lingot d'argent. Sans doute espérait-il impressionner Mary Lester qu'il regardait comme une proie déjà séduite, sans se douter que s'il devenait trop collant, il allait prendre un verre de Coca en pleine poire. C'était, comme aurait dit (à peu près) Audiard, un gazier qui aurait eu sa place au pavillon de Breteuil si la connerie avait été quantifiable.

L'attention de Mary fut attirée par une silhouette qui se découpait là-bas sur les remparts. La démarche de cette personne n'était pas normale, elle allait et venait avec précipitation, semblant fuir quelque chose, puis elle disparut, et, par-dessus le bruit de l'orchestre, par-dessus le bruit de fond des voitures passant au ralenti, et malgré la distance, Mary crut entendre un cri d'effroi. Elle se leva d'un bond, bousculant la table si bien que le Coca, qu'elle avait envisagé un instant de balancer sur les cheveux gominés du bellâtre, se répandit sur la braguette de celui-ci. Elle le regarda chasser le liquide d'un air dégoûté et elle laissa tomber :

— C'était écrit…

Cette douche fraîche allait peut-être calmer ses ardeurs. Sans attendre, elle fila, légère, vers l'entrée de la Ville Close où un attroupement s'était formé aux pieds des remparts, se tenant à distance respectueuse d'une silhouette humaine qui gisait sur le pavement de grès, immobile. Un homme était agenouillé près de cette forme ; il se releva en faisant une grimace explicite : Mort ! Il secoua la tête. Comment survivre à une pareille chute ?

Les regards se levèrent vers le rempart, dix mètres plus haut ; et un loustic jeta :

— C'est pas un endroit pour plonger, il n'y a pas assez d'eau !

Quelques regards courroucés et scandalisés fusillèrent le plaisantin qui préféra battre en retraite.

Une sirène se faisait entendre, puis le « pin-pon » des pompiers. Mary constata que la silhouette allongée était vêtue d'une sorte d'imperméable de couleur mastic, ce qui n'était guère une tenue adaptée au temps. Un chapeau gisait à quelques mètres de là une pipe s'était brisée sur le pavé.

« C'est ce qui s'appelle casser sa pipe » pensa-t-elle.

La voiture des pompiers s'arrêta dans un crissement de pneus, et le « pin-pon » assourdissant qui résonnait contre les murailles de pierre mourut. Deux pompiers se frayèrent sans ménagement un passage parmi les badauds et ils retournèrent le corps avec précautions. On vit alors que la victime portait une chemise blanche sur laquelle du sang avait coulé, et un nœud papillon. Ses lunettes, brisées, pendaient de guingois sur sa face meurtrie. Les flics arrivés firent des photos du corps. Un témoin leur expliqua d'où l'homme était tombé et tout le monde leva la tête pour apprécier l'ampleur de la gamelle fatale.

— Suicide ? demanda le flic.

— J'crois pas, dit le témoin en secouant la tête. Il jouait avec un chien, il a dû glisser…

— Un chien ?

— Oui, confirma l'homme, une sorte de gros chien jaune…

— Bizarre ! dit le flic, j'ai l'impression d'avoir déjà vu ce type.

Il fit une moue et ajouta :

— Mais dire où…

Nouvelle moue, puis :

— Enfin, puisque c'est un accident…

On le sentait soulagé. Derrière Mary, une très vieille femme se signa et dit d'une voix blanche :

— Ma Doué ! Mais c'est le petit Georges !

Puis elle s'en retourna, en sanglotant dans son mouchoir. Mary la suivit :

— Vous le connaissiez ?

La vieille hocha la tête affirmativement en se tamponnant les yeux. Elle trébucha et serait tombée si Mary ne l'avait retenue par le bras.

— Méfiez-vous, dit Mary, le sol est inégal !

— Je le sais bien, bougonna la vieille, la Ville Close, j'y suis née…

— Vous habitez ici ? demanda Mary en montrant la rue bordée de boutiques dont les étals regorgeant de pacotille débordaient sur la chaussée.

— Oui, à la maison de retraite.

— Voulez-vous prendre mon bras ? Je vais par là.

— Tu es bien gentille, dit la vieille dame en se mouchant derechef. D'habitude les jeunes se foutent pas mal des vieux.

Et elle cramponna le bras de Mary qui sentit sa main dure, ses ongles trop longs s'enfoncer dans sa chair. Elle lui demanda :

— Ainsi vous connaissiez ce malheureux ?

— Le petit Georges ? Je pense bien !

— Il était de Concarneau ?

— Oui… Enfin, non…

Mary s'arrêta:
— C'est oui ou c'est non?
— Il était né ici, mais il habitait Paris.
— Un vacancier?
— Si on veut... Il venait voir sa mère.
— Et elle est où, sa mère?
C'était agaçant, il fallait lui arracher les mots.
— À la maison de retraite, fit la vieille comme si c'était une évidence.
— On peut la voir?
Elle s'arrêta et regarda Mary curieusement:
— Qui ça, sa mère?
Mary réprima un geste d'impatience. Ce n'était évidemment pas la maison de retraite qu'elle voulait visiter. La vieille avait compris.
— Pour la voir, on peut la voir! dit-elle avec une sorte d'allégresse amère. Tous les jours on met son fauteuil roulant dans le hall à dix heures, et on la couche à six... Elle ne risque pas de se sauver! Alors, si tu veux la voir... pas de problème!
— On peut lui parler?
— Oui, on ne peut même faire que ça. À condition de ne pas attendre de réponse.
Mary réalisa ce que cette phrase induisait:
— Ah... elle n'a plus sa tête?
— On peut dire ça, fit la vieille. Il y en a plein comme elle là-dedans. Les infirmières les appellent « les plantes vertes ».
Mary s'étonna:
— Les plantes vertes?
— Oui, ricana la vieille: on les met au soleil, on les arrose et on les rentre le soir... Et le lendemain, ça recommence. Ah, j'oublie, il faut aussi les nettoyer!

Mary se rendit compte de l'horreur d'une telle situation :

— C'est bien triste, dit-elle.

— Bah, fit la vieille qui, elle, était bien valide, c'est mieux comme ça. Elle ne saura pas que son petit Georges est mort et elle n'aura pas de chagrin.

— Mais ici, où logeait-il ce Georges ?

— Depuis que l'*hôtel de l'Amiral* a fermé, à l'*hôtel Kermoor*.

On arrivait devant l'entrée de l'ancienne maternité transformée, signe des temps, en maison de retraite.

— Ouf, fit la vieille en montrant un banc, je vais m'asseoir un peu. Je ne suis pas pressée d'aller m'enfermer là-dedans !

Elle se laissa tomber sur le banc et Mary s'assit auprès d'elle. Elle en avait à raconter, la pipelette ! Concarneau est une ville où les femmes n'ont pas la langue dans la poche. Il suffisait d'amorcer la conversation et ça roulait tout seul. Mary demanda :

— Vous connaissez donc ce petit Georges depuis longtemps ?

— Depuis qu'il est né ! J'avais alors dix-sept ans, j'étais femme de chambre à l'*hôtel de l'Amiral*. Jeanne Lemaître, la mère du petit Georges, y travaillait en même temps que moi. Elle avait alors vingt ans. Elle était jolie, coquette et elle aimait s'amuser. Elle courait les bals avec une bande de garçons qui la courtisaient. Monsieur le curé disait que c'était une dévergondée. De fait, elle a fini par se retrouver enceinte.

La vieille leva les bras au ciel :

— Ah, dame, c'est qu'à l'époque ça ne se faisait pas, d'être enceinte sans être mariée ! C'est pas comme maintenant, s'pa ?

— Et qui était le père? demanda Mary.

— C'est pas des pères qui manquaient, dit la vieille, ils étaient bien trois ou quatre prêts à régulariser, comme ils disaient. Mais, à fréquenter le beau monde à l'hôtel, la Jeanne était devenue fiérouse. Elle n'en a point voulu, de ces marins pêcheurs, de ces ouvriers d'usine, de ces charpentiers de marine qui la demandaient. Elle a disparu, laissant entendre que l'enfant qu'elle portait était le fils d'un homme célèbre, un écrivain.

— Un écrivain?

— Oui, dit la vieille toute fière de lui apprendre quelque chose. À cette époque, Georges Simenon avait séjourné à l'*hôtel de l'Amiral*.

Mary Lester tapa dans ses mains: Georges Simenon! C'était bien sûr, l'imperméable, le chapeau, la pipe... La victime semblait être un clone du célèbre écrivain. On venait de fêter le centième anniversaire de sa naissance.

— Celui-là aimait les femmes, c'est le moins qu'on puisse dire, fit Mary entre ses dents.

— Jeanne, poursuivit la vieille sans s'apercevoir de l'interruption, est partie accoucher à Paris, chez une cousine de sa mère qui a bien voulu l'accueillir et puis je l'ai perdue de vue. Je ne sais pas ce qu'elle a fait de sa vie, mais elle n'a pas fait fortune. Elle est revenue un jour à la maison de retraite, mais elle était déjà comme un légume.

— Ce Georges, dit Mary, était donc le fils de...

La vieille éclata de rire:

— De Simenon? Je savais que tu allais me dire ça!

Elle regarda Mary d'un air moqueur et lança:

— Mais non! À l'époque, Simenon était déjà parti. J'ai compté, il s'en fallait de six mois!

— Mais Georges, lui, il y croyait, dit Mary.

— Dur comme fer! Sa mère lui avait tant et tant seriné qu'il était le fils d'un homme célèbre... D'un écrivain... Je te l'ai dit, elle était fière, la Jeanne, et ce n'est pas rien un écrivain!

Elle haussa les épaules.

— Je n'ai jamais cherché à le détromper.

Mary se leva:

— Il faut que j'y aille.

— Moi aussi, dit la vieille en se levant sans enthousiasme.

Comme à regret elle fit quelques pas vers l'entrée de la maison de retraite, s'arrêta et se tourna vers Mary:

— Ne va pas raconter ça à tout le monde, hein?

Mary promit et s'en retourna vers la poterne, songeuse. Le corps du malheureux petit Georges avait été enlevé, une voisine avait dû jeter un seau d'eau sur les traces de sang. Il subsistait une tache humide sur le pavé. Les passants continuaient d'aller et venir dans le soir paisible. Ces murailles, au cours des siècles, avaient connu tant de sièges, d'assauts, de bombardements, de massacres et d'égorgements qu'un cadavre de plus ou de moins ne comptait guère.

Un homme sortit de l'ombre:

— Mary Lester?

Mary se retourna, méfiante et s'exclama:

— Moisan...

Elle considéra l'ex-inspecteur qu'elle avait connu lors de sa première enquête à Concarneau. Moisan semblait avoir rajeuni. Il portait une vareuse rapiécée, un vieux pantalon et des sandales en plastique.

— Tu es magnifique, dit-elle avec conviction. Que fais-tu de ton temps?

— La pêche, répondit-il laconiquement en souriant.

Fils de pêcheur, Moisan avait longtemps souffert de voir sa vocation contrariée. Maintenant qu'il était à la retraite, il pouvait enfin se livrer à sa passion. Il demanda à Mary :

— Et toi ? Toujours flic ?

— Toujours...

Ils se contemplèrent un moment en silence, comme deux vieux amis qui ne se sont pas vus depuis trop longtemps et qui ne savent plus quoi se dire. De la tête, Moisan montra la tache sombre sur le pavé.

— Le petit Georges est mort...

— Tu le connaissais bien ?

— Comme ça. C'était un fils naturel de Georges Simenon.

Elle le regarda de telle manière qu'il crut qu'elle se moquait ; il ajouta, méfiant :

— Ça n'a pas l'air de t'étonner...

— Se souvenant de la promesse faite à la vieille femme, elle éluda :

— Simenon... On lui a prêté tant de femmes qu'on peut bien aussi lui prêter quelques enfants.

— Prêter ? répéta Moisan d'une voix lente. Mary Lester, est-ce que, par hasard, tu ne chercherais pas des choses derrière les choses ?

Elle répondit par une autre question :

— Moisan, est-ce que tu as vu *L'homme qui tua Liberty Valance* ?

Le front de Moisan se plissa :

— C'est quoi, ça ?

— Un film... Un western...

— Ça se peut, dit-il, mais il y a longtemps. Pourquoi ?

— Pour cette réplique, dit-elle : « Dans l'Ouest, quand la légende est plus belle que la vérité, on garde la légende »

Moisan fronça les sourcils.

— Où veux-tu en venir ?

— On est dans l'Ouest, mon vieux Moisan, on est dans l'Ouest !

Avec un signe de la main, elle disparut dans la nuit tiède, laissant l'ex-inspecteur méditer cette phrase sibylline. Son ami Lilian était assis à la place qu'elle avait abandonnée.

— Je t'ai vu partir, dit-il en l'embrassant, tu as filé comme si tu me fuyais.

Elle le rassura :

— Tu es bête ! C'est un vieux flic que j'ai connu quand j'étais à Concarneau. Je te raconterai…

Elle s'appuya confortablement contre son épaule. L'orchestre jouait *Les Oignons* de Sydney Béchet. Mais ces oignons-là ne lui donnaient pas envie de pleurer.

Elle leva la tête, scruta l'immensité de la voûte céleste toute constellée d'étoiles en songeant au petit Georges parti retrouver le grand Georges, quelque part, là-haut…

Une rencontre inattendue
les docks de Roscoff

Naïk Bellec

Je voudrais raconter ici un souvenir qui restera à jamais gravé dans ma mémoire, mon disque dur, comme dit ma fille. Il s'agit d'une rencontre on ne peut plus fortuite avec une jeune femme exceptionnelle, Mary Lester. Et je vous jure qu'en ce qui la concerne, le qualificatif d'exceptionnel n'est nullement galvaudé.

On n'est pas exceptionnel sans susciter des sentiments mitigés: Mary Lester en agace plus d'un, et je parle des hommes bien sûr. Elle suscite des jalousies profondes, surtout chez les femmes! Mais le sentiment le plus répandu chez ceux et celles qui la connaissent bien est l'admiration.

Il émane de cette petite personne un charisme qui pousse son entourage à se surpasser et à accomplir des actes dont il se serait bien cru incapable.

Pour autant, ce n'est pas un matamore ou un tranche-montagne qui fonce droit devant sans réfléchir. Dans les moments difficiles (et Dieu sait si elle en a connu!), elle a toujours su retourner à son avantage des situations qui paraissaient désespérées par une juste analyse faite avec un sang-froid étonnant, et par une décision judicieuse prise au bon moment, ni trop tôt, ni trop tard.

Suite à l'incident que je vais relater plus bas, il s'est

instauré entre nous une grande complicité qu'elle a su résumer en une seule phrase :

— Naïk nous ne nous sommes pas cherchées, nous nous sommes trouvées.

Voilà, c'est tout elle, ça : j'ai cherché vainement des formules alambiquées pour résumer ce que je ressentais mais Mary en a instantanément fait la synthèse en quelques mots.

J'en suis restée baba, et faut-il le dire, tout émue.

Pourtant rien ne prédisposait une femme flic de Quimper-Corentin (elle) et une ingénieur chimiste de la région parisienne (moi) à se rencontrer par un froid après-midi d'hiver sur un quai de Roscoff où il ne passe pas dix personnes dans la journée.

Qu'est-ce qui m'avait menée là ? Qu'est-ce qui l'avait menée là ? Pourquoi nos routes s'étaient-elles croisées ? C'est ce que je me propose de vous raconter.

En vacances pour quelques jours dans ma maison de Keravel, j'avais décidé de me rendre à Roscoff pour me procurer quelques babioles de voileux à la coopérative maritime.

Pour me rendre à Roscoff, j'emprunte volontiers la route qui passe par la chapelle Sainte-Barbe et qui offre une vue magnifique sur la ville et sur le chenal de l'Île de Batz. C'est là un spectacle dont je ne me lasse jamais, surtout en hiver où les couleurs sont d'une exceptionnelle beauté et où MA Bretagne n'est pas envahie par des cohortes de visiteurs.

La coopérative maritime se trouve en contrebas de la chapelle, face à un immense parking qui longe le vieux port. Absorbée par la vue de la mer et des bateaux au mouillage, j'avançais à très faible allure sur ce grand espace laissé vide par l'absence des voitures de touristes. Finalement, je stationnai derrière une haie, entre les deux seules voitures qui se trouvaient là. L'instinct grégaire d'une Parisienne ?

J'effectuai tranquillement mes achats, mais à la sortie, une surprise désagréable m'attendait : un énorme tracteur se trouvait derrière mon véhicule. Cependant, l'espace vacant me permettait de sortir. Mais les manœuvres s'annonçaient délicates, d'autant qu'elles devaient se faire en marche arrière.

J'étais furieuse. « On » avait voulu m'enquiquiner. Et peut-être en raison du « 92 » de ma plaque d'immatriculation. Certains Bretons ont conservé des réflexes un peu « racistes » à l'égard des « Parigots » ou des Franciliens.

Je commençais mes manœuvres quand j'aperçus dans mon rétroviseur deux grands gaillards qui, les bras croisés, me regardaient faire en ricanant.

Je finis d'extraire la voiture de son trou, histoire de montrer l'habileté d'une Parigote au volant !

Mais la moutarde commençait à me monter au nez. Aussi, une fois mes manœuvres achevées, je sortis de ma voiture pour m'adresser aux deux grands dadais :

— Il est à vous le tracteur ?

— Ouais !

— Sympa de se garer là…

— Ouais, mais ma p'tite dame, vous vous êtes garée sur une place interdite.

— Interdite ?

— Ouais. Ici, c'est le dock et nous on travaille.

— Ah oui, Mais. mais comment j'aurais pu deviner ? Il n'y a personne…

Un des deux grands dadais me prit par le bras pour

m'emmener à l'une des entrées du parking qui donne sur la rue.

— Vous ne savez pas lire ? me dit-il, en me montrant un petit panneau.

Puis, en détachant les syllabes comme s'il s'adressait à une demeurée :

— In-ter-dic-tion de sta-tion-ner ! Vous n'savez pas lire ? insista-t-il.

— Mais je ne suis pas arrivée par là. Je suis arrivée par l'autre côté, je venais de la chapelle. Je n'ai pas vu de panneau. Et ici, il y avait déjà des voitures en stationnement...

— Ouaip ! C'est les nôtres !

— Ah ! bon ! Je ne savais pas, concédai-je. Ce n'est pas une raison pour m'empêcher de sortir. Vous auriez pu mettre votre tracteur ailleurs.

Il continua l'air mauvais :

— Nous, on n'est pas en vacances, on bosse.

— Bien. D'accord, veuillez m'excuser. Je ne suis pas venue ici, en vacances, pour enquiquiner ceux qui travaillent.

Jusque-là, mon semblant d'éducation avait encore le dessus. Mais en regardant ces deux nigauds, les bras croisés depuis cinq bonnes minutes, le vernis craqua :

— Enfin... travaillent... tout est relatif quand on vous voit, ironisai-je. Au lieu de me regarder manœuvrer en ricanant, vous auriez pu déplacer votre tracteur !

L'un des deux hommes, qui était resté silencieux jusqu'alors, prit un air important :

— Bon, si vous le prenez sur ce ton, on appelle la police et vous aller savoir que ça va vous coûter.

Même si avec les années, un semblant de « self-control » m'est revenu, beaucoup de chemin me reste à faire avant d'adopter une attitude sereine devant la provocation.

— La police? Très bien! Bonne idée! J'ai un portable. Vous connaissez leur numéro? répliquai-je immédiatement.

Le moins qu'on puisse dire est que ces deux personnages n'avaient pas l'air d'avoir inventé l'eau chaude. J'allais leur montrer qu'il en fallait plus pour m'impressionner. Je les regardai droit dans les yeux et dit:

— Alors?

Ils ne s'étaient visiblement pas attendus à cette réaction et ils se regardèrent, embarrassés. Le grand c...rd, avec ses gros muscles, parut se dégonfler. Riche en gueule, mais ça s'arrêtait là. Je n'avais pas peur, on n'était pas dans le « neuf trois ».

Et puis, je ne risquais finalement qu'un PV pour stationnement non autorisé, et encore... Mes arguments se tenaient. Sur le chemin que j'avais emprunté, il n'y avait pas de panneau d'interdiction de stationner.

Mais Musclor se reprit. Il ne voulait pas se déballonner devant une faible femme, surtout en présence de son pâle comparse qui ricanait servilement. Il me prit de nouveau par le bras et me souffla avec une haleine aux relents d'égout et d'alcool:

— C'est ça, appelle la police...

Je commençai à penser que j'avais mal évalué les choses. Ce crétin avait sans doute des copains dans la maréchaussée, et dans ce cas, j'allais au-devant d'ennuis que j'avais bien cherchés. Alors, je décidai de jouer le tout pour le tout. Je glapis:

— Ne me touchez plus! Si vous posez encore la

main sur moi, je déchire ma veste et je me fiche une claque. Je dirai que vous m'avez agressée...

Musclor fut surpris car, à ma grande satisfaction, il marqua un temps d'arrêt. Mais le silence ne fut que de courte durée. Je n'avais guère prêté attention aux quelques personnes qui se trouvaient non loin de là. Je savais qu'elles étaient là, cela me suffisait. Leur présence me donnait l'assurance que je ne craignais rien.

Un homme et une femme s'étaient approchés. La femme prit la parole :

— Un problème ?

— Et de quoi tu te mêles, toi ? lui jeta rageusement Musclor.

Il faut dire que Musclor ne devait pas avoir l'habitude d'être ainsi admonesté par des représentantes de la gent féminine. La réponse fut immédiate :

— Police nationale, dit la femme en montrant une carte.

Si un vent polaire était venu du large balayer la cale sur laquelle nous nous trouvions, la scène n'aurait pas été plus figée qu'elle ne le fut à ce moment-là. Nous nous attendions à tout, sauf à celle-là !

La situation était pour le moins cocasse : nous parlions de la police, et à la seconde même, elle se trouvait là. Quand on pense à certains qui clament « Mais que fait la police ? » Pourtant, quelque chose me disait que nous n'allions pas rigoler du tout.

— J'ai cru entendre que vous cherchiez la police. Alors que se passe-t-il ? reprit la femme.

Il fallait lui répondre mais, dans l'instant, j'en étais totalement incapable. J'osais à peine la regarder. Je me sentais comme une gamine, prise en faute.

Elle paraissait bien jeune. Elle était même jolie.

Mais son regard bleu dur, son expression fermée n'incitaient guère à la conversation. En trois mots, elle avait imposé son autorité! Pourtant, il se dégageait de son visage un je-ne-sais-quoi qui me fit me dire à la seconde même: « Intelligente! ». Et j'ajoutai *in petto*: « Intelligente et redoutable ».

Alors, à partir de ce moment-là, je me sentis plus rassérénée. On allait pouvoir s'expliquer, même si, à côté, l'autre policier ne semblait pas franchement amène, avec son air d'agent de la DST de film à trois balles cinquante.

— Alors, que se passe-t-il? répéta la policière.

— Madame s'est garée là et c'est interdit, dit Musclor, la voix éraillée, dévoilant ainsi sa surprise, à lui aussi.

— Madame n'est pas « garée ». Son véhicule est à l'arrêt à côté de ce tracteur, répondit-elle, froidement.

— Oui, mais tout à l'heure elle était garée là, dit-il en montrant la place vide.

J'aurais pu nier. C'était ma parole contre la sienne. J'aurais pu dire que j'étais là pour demander un renseignement. Je décidai de jouer franc jeu. J'expliquai donc ce qu'il s'était réellement passé, en omettant mes réflexions ironiques lâchées sous l'emprise d'un énervement légitime, quand même! Le stationnement était effectivement interdit mais il m'avait été impossible de voir le panneau compte tenu du chemin que j'avais emprunté. Je ne manquai pas d'ajouter que Musclor avait mis lui aussi son tracteur en stationnement illicite pour tenter de m'empêcher de sortir.

— Et pourquoi la police devait-elle venir? demanda Mary Lester.

— Pour verbaliser Madame, dit Musclor, puisque

c'est interdit. On l'a fait remarquer à cette dame qui l'a mal pris…

Mary Lester, puisque c'était elle, lui coupa la parole:

— Vos papiers, s'il vous plaît, et ceux des véhicules.

Là, je me sentis vidée de mon sang: à part ma carte bleue et quelques pièces de monnaie, je n'avais rien sur moi. En Bretagne, je n'emporte jamais mes papiers avec moi, une habitude prise du temps où j'avais une vieille 4L qui ne fermait pas à clef.

Je lui répondis d'une voix blanche:

— Je ne les ai pas. Je les ai oubliés.

Je n'ai pas regardé Musclor. Mais je sentais son regard jubilatoire posé sur moi.

— Bégaud, occupez-vous de Monsieur, dit Mary Lester. Quant à vous, Madame, venez donc par là.

Je la suivis près d'une Twingo qui n'avait rien d'un véhicule de police.

— Vous habitez dans la région?

— Oui, à Keravel.

— Vous êtes pourtant immatriculée en région parisienne?

— En effet, j'y travaille. Mais quand je serai en retraite, je viendrai m'installer ici.

Je dus quand même décliner mon identité qu'elle nota sur un carnet. Elle hocha la tête:

— C'est bon, mais pour la bonne règle, présentez-vous dans les vingt-quatre heures à la gendarmerie de Saint-Pol, munie de vos papiers et de ceux du véhicule.

Elle ajouta:

— Dorénavant je vous encourage vivement à ne jamais oublier vos papiers surtout quand vous circulez en voiture.

— Oui, bien, répondis-je. Et le docker?

— Vous voulez porter plainte ?

— Oh ! Non, il n'y a pas de quoi. Je n'ai pas été très aimable moi non plus. Il s'était garé là juste pour m'enquiquiner, sans doute parce que je suis « 92 ». Pas sympa.

— Oui, pas sympa comme vous dites. Mais avant de vous prendre la tête à nouveau avec ceux qui vous « enquiquinent », comme vous dites, vous devez savoir que nous ne serons pas tout le temps là. Et n'oubliez plus vos papiers !

Je n'insistai pas et regagnai mon domicile. Je pensais à ce que m'avait dit Mary Lester. Non, ce n'était vraiment pas malin de faire monter les « surenchères » dans la provocation. Je n'en étais pas très fière.

Le lendemain matin, je me présentai à la gendarmerie de Saint-Pol. Je m'en tirai à bon compte. J'eus cependant droit au petit couplet paternaliste sur l'obligation de circuler munie de papiers, petit couplet auquel je fis mine d'adhérer, comme l'enfant qui a bien compris sa leçon. Autant rester en bons termes avec ces « gens »-là !

Mary Lester n'était pas là. J'étais déçue de ne pas revoir « ma » fliquette. Mais à ce moment-là, je ne savais pas que j'allais la revoir rapidement, et dans des circonstances autrement plus dramatiques.

À Roscoff, Mary Lester avait fini par demander à Bégaud :

— Ils ont tous le caractère aussi affûté, ici ?

— Pour les deux énergumènes du port, j'ai eu des échos, mais on n'a rien pu faire. Il n'y a jamais eu voie de faits. Mais en paroles et en insultes…

— Et la femme, vous la connaissez ?

— Non, dit-il.

— Gonflée, la madame ! Gonflée ou inconsciente ! Ou les deux !

Le pull-over rouge à losanges verts

Par Jean-Claude COLRAT

— Comme on est bien, capitaine Lester... Mary, si je puis me permettre... dit le contrôleur général Mervent.

Après une chaude journée de juin, il faisait en effet doux ce soir-là sur la terrasse de la place du Martroi, à Orléans, où étaient attablés le contrôleur général Mervent, le capitaine Mary Lester, le lieutenant Jean-Pierre Fortin et le comte de Kermervan, alias l'Archiduc dans une vie antérieure et maintenant connu sous son nom de plume de Morice Neugênois.*

— Je puis vous dire que, depuis que je suis installé dans le Val de Loire, je me sens désormais parfaitement serein...

« Serein et taquin... » pensa Mary, en se remémorant le surprenant jeu de piste que lui avait infligé le comte avec la bénédiction dudit contrôleur général. Un homme si sérieux, conseiller particulier du ministre de l'Intérieur... qui l'eut cru!

— En une heure de train, je suis à Paris, un trajet pas plus long que celui de bien des banlieusards; en cas de besoin j'ai un petit studio de fonction près de la place Beauveau, mais le plus souvent possible et en tout cas chaque week-end je reviens à Orléans. J'ai trouvé un appartement calme dans une résidence formée de petits immeubles bâtis dans un parc boisé

* *Voir* Jeu de piste pour Mary Lester, *nouvelle du même auteur.*

sur les bords de la Loire. Tenez, j'ai d'ailleurs pour voisin l'un de vos fervents admirateurs, l'un des intervenants réguliers sur le forum qui vous est consacré sur internet… Ah, Mary, la Loire… Le dernier fleuve sauvage d'Europe a-t-on coutume de dire, et l'on comprend pourquoi le Val-de-Loire a été classé par l'Unesco au Patrimoine Mondial ! La lumière, les couleurs du ciel, le fleuve changeant au gré des jours et des saisons… c'est un bonheur constamment renouvelé.

« Serein et lyrique… » songea Mary, tout en surveillant Jipi qui n'allait pas tarder à se mettre à bâiller.

Sur son cheval de bronze, Jeanne d'Arc n'avait pas plus sommeil que Mervent. L'héroïne statufiée tenait fermement son épée dans le halo des projecteurs.

— Mais hélas la région a aussi sa délinquance et ses crimes crapuleux. Je voudrais, dit Mervent en redevenant professionnel et directif, que vous voyiez dès demain matin le commissaire divisionnaire Picard et les enquêteurs chargés d'une triste affaire non encore résolue malgré une collaboration exemplaire entre la police et la gendarmerie. J'aimerais que vous apportiez votre aide sur cette enquête.

Le lendemain matin, le capitaine Lester et le lieutenant Fortin étaient dans le bureau du divisionnaire Picard, à l'hôtel de police d'Orléans, rue du Faubourg Saint-Jean. Étaient présents le capitaine Gérard, du SRPJ, lequel avait été chargé de la direction de l'enquête par le juge d'instruction, et le major Delorme, chef de la brigade de gendarmerie de La Ferté-Saint-Aubin dans le ressort duquel avait été commis le crime en question.

— L'affaire remonte au mardi 16 mai dernier, dit le major, un grand type à cheveux blancs, à la carrure de rugbyman. Dans la soirée, le buraliste du village de Souligny-sur-Cosson, que l'on a coutume d'appeler le « père Charpentier », a été sauvagement assassiné à coups de marteau, ainsi que son épouse et son chien; on lui a volé une recette évaluée à environ six cents euros, et quelques cartouches de cigarettes. Maigre butin pour un horrible massacre!

Le gendarme exposa à Mary les principaux éléments de l'affaire. Le crime avait eu lieu vers vingt heures. à cette heure-là, un habitant du village, monsieur Houdin, avait vu entrer dans le bureau de tabac un individu vêtu d'un pull-over rouge à losanges verts et le visage dissimulé par un casque de motard noir.Le père Charpentier avait l'habitude de ne fermer son officine qu'après 20 h 30 pour satisfaire quelques clients tardifs. Il ouvrait ponctuellement le matin dès 7 h 30 et, le lendemain, lorsque le facteur était passé avant de débuter sa tournée pour acheter son paquet de cigarettes, il avait découvert le crime. Le buraliste était étendu dans son arrière-boutique, dans une mare de sang, le crâne défoncé d'une douzaine de coups violents donnés par un objet contondant; à l'étage, les gendarmes, rapidement présents sur les lieux, avaient découvert le corps de madame Charpentier, également tuée par le même objet qui s'est avéré par la suite être un marteau, ainsi que le chien du couple tout aussi bien massacré. Le mobile du crime était indubitablement le vol, restant à savoir s'il était le fait d'un rôdeur ou d'un habitué.

— Qu'a donné la piste de l'homme au pull-over à losanges? demanda Mary.

— Les gendarmes de mon peloton motocycliste, répondit Delorme, connaissent bien un motard d'un village de la région qui porte fréquemment un pull rouge à losanges verts sous son blouson de cuir. C'est l'instituteur de Brisson-en-Sologne, à une trentaine de kilomètres du lieu du crime. Mais il a été rapidement disculpé.

— Affirmatif, ajouta Gérard qui avait servi dans l'Armée de l'Air avant d'entrer dans la Police, car outre le fait que son casque de motard est normalement gris métallisé, il a un alibi irréfutable et il n'a aucun mobile. Il est certain qu'on a affaire à un crime crapuleux. Or l'instituteur, après une carrière d'une dizaine d'années, a un salaire relativement satisfaisant ; il n'a aucune conduite addictive avérée et, en tout cas, la vérification de son compte bancaire n'a montré aucun signe de difficulté pécuniaire ; de plus il n'a aucun lien avec la victime. Et puis il a un quotient intellectuel qui lui aurait permis d'agir, si tel avait été le cas, dans une tenue moins voyante ! J'ajouterai qu'il doit se marier le mois prochain.

— Et quel est son alibi ? demanda Mary.

— Il était effectivement ce soir-là à Souligny où il avait rendu une visite amicale à son collègue du village, reprit Gérard en martyrisant un stylo qui ne lui avait rien fait de mal. Les deux hommes ont terminé la soirée au café comme en ont témoigné le patron et une douzaine de consommateurs. Ils ont tous confirmé que Luc Chabourdin – c'est l'instit en question – n'est parti qu'un peu avant 20 h 30, quittant le village au guidon de sa 500 cm^3 dans la direction opposée au bureau de tabac.

— On doit donc estimer qu'il y avait deux motards à pull-overs rouges à losanges verts ce soir-là à Souligny ? remarqua Mary. N'est-ce pas curieux ?

— Pourquoi pas… rétorqua le major Delorme sur un ton où perçait un brin d'ironie. Je peux même vous dire qu'il y a un troisième pull identique dans la vitrine de la mère Duchamp, laquelle est tout à la fois épicière, crémière et mercière… Elle vend des lainages qu'elle tricote elle-même le soir au coin du feu sans beaucoup se renouveler dans ses motifs et avec un goût des mélanges de couleurs un peu particulier !

Mary Lester compulsa rapidement les procès-verbaux des témoignages figurant au dossier, celui du sieur Jean-Pierre Houdin, du patron et des clients du café de la Croix-Blanche, et de quelques autres personnes dont la secrétaire de mairie. « Étrange… » pensa-t-elle en lisant l'une de ces pièces.

Mary et son fidèle Jipi se rendirent dès le début de l'après-midi à Souligny-sur-Cosson. Elle gara sa Twingo sur une petite place ombragée et fleurie qui faisait face à l'église du village. Celle-ci, dont le haut clocher d'ardoises surmontait de sa pointe effilée l'édifice de pierres et briques à toit de tuiles, était dotée, comme beaucoup d'églises du coin, d'un « caquetoire », cette galerie extérieure de charpenterie où les commères échangeaient jadis nouvelles et ragots à la sortie de la messe dominicale. Tandis que Jipi restait dans la voiture et s'absorbait dans la lecture de L'Équipe, Mary entra dans la mairie du village, une grande bâtisse de briques dont le perron de pierre accédait à une imposante porte de chêne vernie surmontée du drapeau tricolore. Elle se présenta à la secrétaire de mairie, madame Thomas, une alerte quinquagénaire qui se targuait de tout connaître de ses administrés de Souligny.

— Madame Thomas, il y a quelque chose qui m'a intriguée dans votre témoignage à propos de l'affaire Charpentier. Vous prétendez que monsieur Chabourdin est revenu le mercredi 17 mai au matin à Souligny ?

C'était d'ailleurs plus une affirmation qu'une question.

— Effectivement. Il prétendait avoir oublié son blouson de cuir à la Croix-Blanche. Ne l'y ayant pas retrouvé, il est venu à la mairie en fin de matinée pour voir si quelqu'un ne l'y avait pas rapporté.

— Mais il vous a incidemment parlé de l'heure du crime ?

— Oui. Comme je lui demandai quand et à quelle heure il avait perdu son blouson, il m'a répondu « Hier soir, vers 20 h 30... à l'heure du crime... » avec une sorte de sourire idiot comme s'il était satisfait de son humour noir !

Étrange, pensait Mary en entendant ce témoignage qui corroborait celui qu'elle avait lu chez le divisionnaire Picard, car lorsque Chabourdin s'était présenté à la mairie, les investigations policières commençaient à peine et l'heure du crime n'était pas encore divulguée, d'autant qu'elle était fixée à 20 heures et non 20 h 30.

— Madame Thomas, pouvez-vous m'indiquer où demeure monsieur Jean-Pierre Houdin ?

— Au haras du Ribault, sur la première route à droite en sortant de Souligny en direction de La Ferté. C'est une ferme isolée où il élève des chevaux avec son frère.

Mary revint à sa voiture et charria gentiment Jipi.

— Les nouvelles sont bonnes ?

— Bof ! L'équipe de France de foot vient de nouveau de prendre une déculottée. Le PSG et l'OM vont encore changer d'entraîneur… On parle toujours de dopage pour le prochain Tour de France… Quant à cette région, tu parles de sportifs! Orléans, pour une agglomération de près de 300 000 habitants, n'est même pas f… d'avoir une équipe de foot de haut niveau! Ah, elle est loin la finale de la Coupe de France qu'ils ont disputée en 1980! Ils ne sont bons qu'en basket… un sport de gonzesses!

— Je te laisse ton appréciation sur les basketteurs. Mais en tant que spécialiste des sports de combat, tu oublies quand même le judo. Je crois que les Orléanais, et surtout les Orléanaises d'ailleurs… ne sont pas mauvais dans ce domaine!

— Allons… Cesse de râler. Profitons du beau temps. Je t'emmène faire une virée en Sologne!

La petite route qui menait au Ribault passait sous de grands arbres dont les ramures se rejoignaient et faisaient comme un tunnel de verdure que pénétraient à peine quelques rayons de soleil. Sur la droite, on apercevait un grand étang où nageait une armada de colverts surveillée par un couple de cygnes aux cols hautains; quelques mouettes rasaient les flots, rappelant à Mary sa chère Bretagne. à un endroit où la route passait au plus près des berges de l'étang garnies de roseaux impénétrables, l'arrivée de la Twingo débusqua un héron qui s'enfuit dans un vol lourd. De l'autre côté, des taillis de bouleaux, clos d'un grillage, formaient un rideau blanchâtre discontinu devant une masse sombre de conifères. Le tunnel de végétation débouchait sur une grande clairière éclaboussée de soleil où des chevaux de sang paissaient dans des prés d'un vert éclatant. Un homme de stature moyenne, vêtu d'un blouson beige et casquette à carreaux vissée sur la tête, faisait travailler un cheval alezan à la longe dans une carrière qui jouxtait une grande longère de briques à pans de bois et quelques hangars et granges disparates.

— Monsieur Jean-Pierre Houdin ? s'enquit Mary.

— C'est mon frère. Vous le trouverez dans la première grange, celle au toit de tôle ondulée.

Jean-Pierre Houdin était un homme d'une quarantaine d'années, au cheveu rare, au teint hâlé, à la bedaine débutante, vêtu d'une combinaison de travail verte à zips blancs. Il était présentement occupé à rafistoler sans conviction un vieux harnais dans un coin de la grange, assis sur une botte de paille.

— Capitaine Lester, lieutenant Fortin, police nationale, fit Mary qui épia la réaction de l'éleveur, celle d'un homme qui n'a pas l'esprit tout à fait tranquille...

— Qu'est-ce que vous m'voulez ?

— Je voudrais quelques précisions complémentaires à propos de votre témoignage dans l'affaire Charpentier. L'homme que vous avez déclaré avoir vu entrer dans le bureau de tabac portait, selon vous, un pull-over rouge à losanges verts ?

— Vouais, comme ceux que tricote la mère Duchamp.

— Portait-il en plus un blouson ? Êtes-vous sûr de la couleur de son casque ? Y avait-il une moto à proximité ? L'avez-vous vous vu entrer ou sortir ? Êtes-vous absolument certain de l'heure ? Était-il 20 heures ? N'était-il pas plutôt 20 h 30 ?

Sous le feu roulant des questions du capitaine Lester et au vu de la carrure impressionnante du lieutenant Fortin, le nommé Jean-Pierre Houdin semblait peu à peu se décomposer. Son frère, apparemment son aîné, s'était approché. Croyant aider son cadet, il prit la parole.

— Il était plutôt 20 h 30 ou même 20 h 35, non ? En rentrant, tu m'as dit avoir entendu une bagarre chez le père Charpentier, à l'heure de la météo selon ce que tu as vu au poste de télé par la fenêtre de la mère Duchamp.

— Mais vous n'aviez pas parlé de bagarre dans votre témoignage à la gendarmerie ? rétorqua Mary. Et vous aviez bien affirmé qu'il était 20 heures quand vous avez vu l'homme au pull-over à losanges.

— Ben… C'est qu'j'a eu peur d'intervenir et j'craignais qu'les gendarmes m'accusent de non-assistance à personne en danger, comme y disent. Euh… j'a aussi un peu menti sur l'heure pour embrouiller un peu les choses.

— Alors, dites maintenant la vérité, Houdin ! tonna Jipi.

— Il était un peu avant huit heures et d'mie quand j'm'suis rendu chez l'père Charpentier pour acheter mes clopes. J'a entendu du bruit et j'a vu comme des ombres dans l'arrière-boutique ; un homme donnait des coups à un autre. J'a pris peur et j'a passé mon chemin, puis ch'suis r'venu pour reprendre ma bagnole. C'était l'heure d'la météo à la télé. Il était vers neuf heures moins vingt-cinq, moins vingt… En montant dans ma caisse, j'a j'té un œil vers l'bureau de tabac. Un homme casqué et portant un pull rouge à losanges verts en sortait fissa. Il a disparu au coin d'la rue. J'a entendu l'bruit d'une moto qui démarrait… Ch'suis parti moi aussi sans d'mander mon reste.

— Bien, Monsieur Houdin, fit Mary. Les gendarmes viendront prendre votre déposition demain matin.

Mary fit un détour par Brisson et y laissa Fortin en planque face à l'école du village. Le grand lieutenant s'était installé dans une cabane de ce qui avait dû être jadis un potager maintenant abandonné. Il avait quelques provisions et des couvertures. Mary craignait que Houdin-le-Téméraire vienne alerter l'homme qu'il avait indirectement accusé. Elle regagna la brigade de gendarmerie de La Ferté en fin de soirée, entre chien et loup. Soudain, au débouché d'un virage, elle aperçut au milieu de la route un jeune cerf parfaitement immobile qui regardait venir à lui la voiture de Mary. Celle-ci ralentit et s'arrêta pour jouir du spectacle. Ce n'était pas un dix-cors mais l'animal ne manquait néanmoins pas de majesté. Et puis brusquement la bête prit son élan et franchit le fossé, disparaissant dans le sous-bois que la nuit noyait peu à peu. Mary redémarra, ayant un peu de mal à s'arracher à la vision qui lui avait été offerte par cette Sologne mystérieuse. Elle alluma ses phares. Sur les bas-côtés, ce fut bientôt une sarabande de « culs-blancs » dans le faisceau lumineux qui précédait la Twingo, une ribambelle de lapins s'étant donnée rendez-vous pour une joyeuse sortie nocturne. Parvenue à la gendarmerie, la capitaine demanda au jeune gendarme de permanence d'aller chercher le major Delorme.

— Pouvez-vous me rappeler ce qu'a dit le médecin légiste à propos de l'heure de la mort de Monsieur Charpentier ? demanda Mary au major.

— Il n'a pu être affirmatif ; entre 20 heures et 20 h 45… Le pauvre homme a reçu des coups de marteau répétés mais il n'est pas mort immédiatement.

— En tout cas, il me paraît certain que l'agression a eu lieu vers 20 h 30 et non à 20 heures... Monsieur Houdin vient de revenir sur son témoignage. Il faudrait que vous preniez demain matin sa nouvelle déposition. Et ensuite, je crains que vous ne deviez procéder à l'interpellation de Luc Chabourdin !

— À la veille des vacances de printemps, déclara Chabourdin d'une voix atone hachée de sanglots, j'ai organisé une sortie scolaire. Je fus sans nul doute trop audacieux dans mon choix et j'en ai mal évalué le coût. Comme j'avais cru pouvoir détourner à cette fin la cagnotte de la coopérative scolaire, il y a maintenant un déficit que j'aurais pu combler en temps normal. Mais je dois me marier le mois prochain et j'ai hélas des dépenses importantes prévues. Ne voyant pas comment me sortir du guêpier, un peu déprimé, je suis allé chercher du réconfort auprès de mon collègue de Souligny qui est un camarade de promotion de l'IUFM. Nous avons un peu bu... Trop. J'avais repéré le bureau de tabac et j'ai pensé qu'à cette heure tardive, le magasin étant ouvert mais le buraliste s'étant retiré dans son appartement selon son habitude, je pouvais rapidement prélever quelques billets dans le tiroir-caisse. Mais monsieur Charpentier a fait irruption à la porte de l'arrière-boutique, un lourd marteau à la main et m'a menacé. Nous nous sommes battus, j'ai pris le dessus, et je lui ai asséné trois ou quatre coups de marteau. Pendant que je puisais dans la caisse, l'homme s'est mis à gémir. Je lui ai donné de nouveau plusieurs coups violents pour le faire taire. Sa femme a appelé depuis l'étage et le chien s'est mis à aboyer. Je suis monté, j'ai assommé le chien et la femme à coups de marteau.

L'affaire faite, j'ai regagné ma moto et je suis parti. Mais au bout de quelques centaines de mètres la fraîcheur de l'air m'a révélé que, dans la panique, j'avais oublié mon blouson de cuir que j'avais posé sur le comptoir pour être plus libre de mes mouvements. Je suis retourné sur les lieux avec précaution. Mon blouson était taché de sang. Dans la précipitation, j'ai enveloppé le marteau dans le blouson que j'ai lesté d'une grosse pierre et j'ai jeté le tout dans un étang. Pour justifier la perte du blouson, j'ai cru devoir aller le signaler à la mairie dès le lendemain.

Je ne sais pas ce qui m'a pris... Jamais je ne pourrai réparer un tel malheur...

Il faisait encore doux sur la terrasse de la place du Martroi, à Orléans, où étaient de nouveau attablés le contrôleur général Mervent, Mary Lester, Jean-Pierre Fortin et le comte Tugdual de Kermervan.

— Ah! capitaine Lester, merci pour votre aide précieuse, fit Mervent entre deux gorgées de bière.

Décidément, ma chère amie, ajouta le comte, il faudra un jour vous élever une statue, comme celle de notre héroïne que vous voyez devant vous sur son cheval de bronze!

Le complot des plaques émaillées

Par Riego

Le Parisien avisé qui fréquente les ventes aux enchères du Crédit Municipal dans l'espoir de décrocher une bonne affaire ne se doute pas qu'à quelques pas de chez lui s'ourd une trame sinistre visant à installer le désarroi et l'anarchie en plein cœur de la capitale. C'est en effet au square de Sainte-Croix-de-la-Bretonnerie que Mary Lester se trouverait déchirée entre ses sentiments patriotiques bretons et son inaltérable sens du devoir de fonctionnaire de la Police nationale.

C'est dans la crypte du XVe siècle située sous l'une des maisons d'apparence anodine d'une de ces deux venelles que le marquis de Kerchopine réunissait une poignée de ses plus sûrs amis et compatriotes. De Kerchopine était Léonard, unique rejeton d'une vieille famille originaire de Kergolestroc, lui-même sans enfants. Un idéaliste venant de franchir la quarantaine, féru de tout ce qui pouvait incrémenter le prestige de sa terre natale.

— Mes amis, commença-t-il, je vous ai réunis dans un noble dessein. Vous n'ignorez pas ma passion pour la promotion de tout ce qui est breton. Or, en ce moment même, au-dessus de nos têtes, plane une situation insupportable. Êtes-vous conscients que la

Bretagne, dans la voirie parisienne, n'est représentée que par deux rues? Une triste rue de Bretagne, qui longe le Carré du Temple, et une assez belle rue de Rennes qui a abrité jadis un magasin de fringues à vil prix et ne s'orne maintenant que d'un marchand de produits et de médias High-tech. Pas de rue de Brest, ni de Vannes, de Quimper ni de Lorient, de Plougastel, Paimpol, Concarneau ou Landerneau! Alors que, par exemple, le Nord de la France est lourdement surreprésenté: quai de Béthune, bois de Boulogne, rues de Calais, Lille, Dunkerke, Arras, Douai, Valenciennes, Roubaix, Maubeuge, Cambrai et j'en passe! Pas un seul saint breton dans l'hagiographie parisienne!

— Mes chers amis, reprit-il, je crois qu'il est temps de réagir et de montrer à la face du monde que la Bretagne n'est pas roupie de sansonnet! Remplaçons par un nom "Breiz" le nom des principales rues, avenues et boulevards de cette ville. C'est une tâche énorme, j'en conviens, je ne doute pas que nous en viendrons à bout si nous y consacrons notre intelligence et notre énergie. Êtes-vous avec moi dans ce grand projet?

— Ne devrions-nous pas entrer en relation avec les activistes bretons, du moins avec ce qu'il en reste? demanda une voix timide.

— Gardons-nous en bien! tonna le marquis. Ils sont tous fichés par la police et ils le savent, c'est pourquoi ils se tiennent cois. Autant déposer une copie de nos projets à l'Hôtel de Ville de Paris.

L'unanimité ne fut pas facile à obtenir. C'est que le projet était d'envergure. D'un côté il faudrait un bataillon de manœuvres pour marteler ou arracher les plaques portant les anciens noms de rues et pour les remplacer par les nouvelles, mais il faudrait éditer à l'avance de nouveaux plans et guides de Paris et se tenir prêts à les échanger contre les anciens au moins, dans un premier temps, dans les kiosques et marchands de journaux des aéroports et gares parisiennes, ainsi que sur les aires de service des autoroutes A1, A4, A5, A13 et A17, du moins pour commencer.

— Les investissements en hommes et en argent seront considérables, résuma le marquis, mais pensez aux résultats! Il nous faudra mettre à contribution nos compatriotes industriels et commerçants et ceci dans le plus grand secret. Il nous faudra le plus souvent avoir recours à des procédés musclés, je le crains, mais je ne vois pas comment nous pourrions faire autrement. Pour commencer, mes amis, je vous enjoins la plus extrême discrétion, ne parlez breton même pas dans vos rêves.

Le consensus se fit dans ces conditions. Trois commissions furent créées et nommées, l'une chargée de réunir les fonds, l'autre de recruter des bénévoles, la troisième d'établir la logistique. Cette crypte parfaitement insonorisée dans ce lieu au nom prédestiné leur servirait de salle de réunion et un calendrier prévisionnel fut établi. Le marquis leva la séance:

— Mes amis, il est temps de nous séparer. Soyez comme les fourmis travaillant sans relâche. Comme elles, servez-vous de vos phéromones pour attirer ce dont nous avons besoin, mais ne prononcez en public pas un seul mot susceptible de révéler nos plans à nos ennemis historiques du département 75. Allez en paix.

Lentement mais sûrement l'organisation se mit en place. Si l'OAS avait échoué lamentablement à cause de la précipitation et de l'excès d'optimisme de ses chefs, les révolutionnaires de tout bord avaient depuis profité des leçons de l'IRA et de l'ETA. L'enthousiasme laissait la place à la méthode. L'obtention et la gestion du nerf de la guerre avaient acquis la priorité absolue. Des volontés furent acquises. Des plaques émaillées furent commandées en Chine, des fourgonnettes achetées peu à peu sous couvert de firmes complices et parquées dans des hangars discrets. Des CD furent préparés avec les plans des arrondissements modifiés portant les nouveaux noms de rues, avenues et boulevards. Un tapuscrit de la version révisée des principaux Guides de Paris était à la relecture.

Ce fut alors que se produisit la fuite. Inévitable, diriez-vous, pour un projet de cette ampleur. Peut-être. L'un des industriels mis à contribution trouva sa contribution trop salée. Il s'en ouvrit au sous-préfet et l'information remonta échelon par échelon la hiérarchie jusqu'au palais de l'Élysée.

Un Conseil restreint des Ministres fut aussitôt convoqué.

— Messieurs, dit le Président sans perdre du temps en préambules, j'ai eu vent d'un complot visant à remplacer le nom de plusieurs voies parisiennes par des noms bretonnants. C'est intolérable! S'ils s'avisent de changer le Faubourg Saint-Honoré en Faubourg Saint-Brieuc, comment vont faire mes motards et mon chauffeur pour retrouver le Palais de l'Élysée au retour d'un de mes déplacements? Au travail, messieurs. Trouvez une solution ou je vous débarque.

Et il sortit en coup de vent. Le Premier Ministre prit la parole :

— Si je dois croire ce qu'en disent les ouvrages de référence sur le sujet, la meilleure façon de déjouer un complot en gestation c'est d'y infiltrer un ou plusieurs agents. Qu'en dis-tu, mon cher W. ?

— C'est effet la solution classique. Un ou deux agents ça va, mais pas trop. Il ne faut pas qu'ils se fassent repérer, répondit W., Ministre de l'Intérieur.

— Un seul serait encore préférable, pour des raisons financières, ajouta le Ministre du Budget.

— Il faudrait qu'il soit d'une habilité extrême, s'il doit opérer seul, renchérit le Ministre de la Culture.

— Ne nous perdons pas en digressions, le Président ne nous en laissera pas le temps. L'un de vous connaîtrait-il l'oiseau rare ?

— Je crois justement que oui, reprit le Ministre de l'Intérieur. Mon Contrôleur Général Mervent prétend qu'une jeune capitaine de police de Quimper nous aurait évité de sérieux ennuis avec Bruxelles. Je n'en ai trouvé aucune trace, c'est étrange, on dirait que des choses ont été effacées, mais je n'ai aucune raison de ne pas croire aux intuitions de Mervent. L'énorme avantage de cette jeune personne est que, en plus d'être compétente et dévouée, elle est bretonne.

— Bien sûr, ricana le Ministre Bouffon de Service, on n'allait pas leur infiltrer un Marseillais !

— Il y a peut-être des Marseillais qui parlent l'un des quatre dialectes bretons ! C'est entendu, W., conclut le Premier Ministre. Feu vert pour ta policière quimpéroise.

Et c'est ainsi que notre Mary Lester se trouva au premier rang - au seul rang, à vrai dire - de la lutte contre cette menace effroyable. Elle était agacée : pour quelle étrange raison, lors de ses dernières missions, les toponymes bretons ou ligériens prenaient-ils une telle importance ? Quel pouvoir obscur était la source de cette insistance, et que cherchait-il à obtenir ? Quant à ce qu'on exigeait d'elle aujourd'hui, comment pourrait-elle s'y prendre ? Elle ne disposait d'aucun point de départ. La première idée qui lui vint à l'esprit était de se rendre à Paris et de s'y faire remarquer des milieux bretons. La difficulté était double : comment trouver ces milieux et comment s'en faire reconnaître ? Une fois trouvés, elle n'allait quand même pas porter l'une des 1 200 coiffes inventées ou modifiées au cours du XIXe siècle, même si certaines étaient seyantes ! Choisir celles de Quimper, borleden ou pichou ? Non, la coiffe était une très mauvaise idée. Eh bien, elle allait improviser. Son étoile la guiderait.

Il n'était peut-être pas inutile de modifier son look. Elle défit sa tresse et noua une queue-de-cheval avec un élastique Toria noir, affina très légèrement ses sourcils, mit un peu de khôl sur ses yeux et un rouge écarlate sur ses lèvres, seul élément voyant de son maquillage. Des fringues, elle trouverait davantage de choix à Paris que chez elle. Elle prépara une valise et sortit du fond de la remise la voiture qu'elle n'utilisait que pour s'éclater, sa Matisse, superbe concept-car rouge comme le feu, plus belle qu'une Ferrari. Elle lui avait coûté une fortune – et l'assurer une deuxième – mais elle pouvait se le permettre, merci l'or du Louvre ! Gyrophare et radio police étaient cachés dans un compartiment secret sous le tableau de bord.

Sa première visite à Paris fut pour la Maison de la Bretagne, face à cette gare Montparnasse qui avait vu passer tant de jeunes petites bretonnes venues chercher un emploi de bonnes à tout faire à Paris. Mais cette maison régionale était toute tournée vers un sens inverse : séjours, paysages, gastronomie, baignades, voile et circuits en VTT dans les quatre provinces délimitaient son activité. Il existait bien des quartiers ethniques à Paris mais pas, à leur connaissance, de quartier breton. Il en avait pourtant bien existé, témoins ce musée Carnavalet - corruption parisienne du nom de sa propriétaire Mme de Kernevenoy -, un antique Pré aux Bretons et une rue et un square Sainte-Croix-de-la-Bretonnerie, seuls témoins d'un prieuré fondé en 1258 et démoli sous la Révolution française. Une rue qui a vu la naissance du chocolat Menier et qui abrite maintenant l'Institut d'Études... Catalanes ! Faute de mieux, Mary décida quand même d'y aller voir. S'afficher en Bretonne dans le quartier du Marais, l'écusson « j'aime mon 29 » de la plaque nouveau modèle de sa voiture aidant, s'avéra un échec. Elle s'y fit draguer... par des femmes de tout âge, mais pas une seule Bretonne ! Mary ignorait que depuis les années quatre-vingt, le Marais était devenu le quartier gay de Paris.

Se fier au hasard ne servait à rien, il fallait une méthode directe. Mary pensa à prospecter ses amis Bretons influents qui pourraient l'introduire dans le cercle du complot. En définitive, ce fut le bâtonnier Rimbermin qui l'aida. Papa était très content de voir son fils s'éloigner pendant de longues périodes de cette femme sulfureuse que l'on ne saurait présenter dans la bonne société. Il ne voyait pas exactement dans quel but elle souhaitait être recommandée en tant que bretonne enragée, mais il connaissait plusieurs Bretons influents à Paris et voulut bien écrire les lettres de présentation que lui demandait la jeune femme. Si elle voulait se fourrer dans un nouveau guêpier, tant mieux, peut-être en serait-il définitivement débarrassé. L'une des lettres était justement pour le marquis de Kerchopine, un ancien client. Le marquis la reçut avec politesse mais sans nulle chaleur.

— Il n'y a pas, à ma connaissance, à Paris, de regroupements bretons. Vous pourriez essayer, par exemple, les crêperies du quartier Montparnasse. Ou l'épicerie *Au Berry et à l'Auvergne Réunis*, square Sainte-Croix-de-la-Bretonnerie.

Curieux conseil, se dit Mary. Elle connaissait l'existence des crêperies de la rue du Montparnasse, qui défendaient certaines traditions de la gastronomie bretonne, mais elle ne réussissait pas à relier le Berry ou l'Auvergne au complot qu'elle était censée déjouer. L'adresse était peut-être l'élément significatif. Elle décida d'y aller voir et prit congé du marquis.

Le nom du commerce qui s'étalait sur l'enseigne était *Au Berry et à l'Auvergne réunis - Produits des Provinces de France*. Voilà un pluriel qui augure mieux, se dit la jeune femme, en pénétrant dans l'épicerie. Derrière le comptoir se tenait un homme d'une cinquantaine d'années, « dépourvu de caractéristiques remarquables », aurait dit un rapport de police.

— Bonjour, lui dit-elle. Je suis Bretonne et je cherche des produits de ma région à offrir à des amis. Le marquis de Kerchopine m'a recommandé votre maison.

L'homme sortit d'un tiroir un cylindre métallique qu'il posa sur le comptoir.

— Le marquis nous fait trop d'honneur. Pouvez-vous me dire ce qu'est ceci, Mademoiselle ?

Mary se retint de répondre trop vite. C'était un témoin du savoir-faire d'une illustre famille de charcutiers bretons, que sa qualité faisait apprécier et vendre à des centaines de milliers d'exemplaires aux quatre coins de l'Hexagone. Mais pourquoi demander, s'il suffisait de lire ce qui était imprimé sur la boîte ? Nul doute, il s'agissait d'un examen de passage. Il était impératif d'exclure la réponse banale qu'aurait donnée un Parisien quelconque. La famille dont le nom figurait sur la boîte s'était gardée d'adopter la nouvelle graphie – copiée du français – qu'avait prôné le père jésuite Julien Maunoir au XVIIe siècle pour représenter la nasalisation de la voyelle précédente. Voilà le piège, se dit Mary, et elle articula distinctement :

— C'est une boîte de pâté au jambon Hénan.

L'ombre d'un sourire illumina fugacement le visage du boutiquier.

— Nous avons un choix d'articles plus étendu dans l'arrière-boutique. Voudrez-vous bien m'y suivre, Mademoiselle ?

Une fois dans ce lieu, il sortit de sa poche et tendit à Mary une clé plate, en lui disant :

— La remise au fond de la cour du 47, square Sainte-Croix. La prochaine réunion aura lieu mercredi 12. Votre heure – il jeta un coup d'œil à ce qui semblait être une liste de livraisons, épinglée sur le mur– sera 18 h 47. Soyez ponctuelle, il y a un ordre de préséance à respecter pour l'arrivée, sous peine de sanction.

Après avoir pris quelques précautions, moins étendues que ce qu'elle aurait souhaité, mais on rognait sur les petites choses faute de rogner sur les grandes, Mary se présenta au lieu prévu à l'heure dite. Des caisses et des cartons s'empilaient dans la vaste remise, sur lesquels étaient tracées au marqueur feutre des indications ésotériques telles que « G. du N. q. 3 » ou « A1 km 67 ». Un étroit escalier de pierre, aux marches usées par le passage du temps et les pas de ceux qui les avaient empruntées, s'enfonçait dans les entrailles de la terre et, après un bref couloir, menait à une vaste salle voûtée où des hommes d'âge mûr, assis sur des cathèdres, assistaient en silence à la venue des nouveaux arrivants. Une ouvreuse en coiffe conduisit Mary jusqu'à l'une des places vacantes.

Vingt minutes plus tard, tous les membres étant présents, le grand chef arriva: c'était le marquis de Kerchopine! Mary se trouvait confrontée à un dilemme. Agent assermenté de l'État, elle avait le devoir impérieux de faire échouer ce complot. Mais elle était aussi Bretonne! Elle se rendait bien compte que ce coup aurait un énorme retentissement médiatique, mais que ce ne serait qu'un feu de paille, il suffirait de deux jours aux édiles parisiens pour faire poser des plaques provisoires et de trois à quatre semaines pour faire revenir la capitale à son état précédent. Alors que l'argent investi aurait été bien plus utile dépensé en Bretagne même…

Ce qu'elle lui entendait déclamer classait le marquis comme un idéaliste irrécupérable. Par contre, les assistants semblaient des braves gens; certains avaient même l'expression des enfants à qui l'on annonce de se dépêcher car un cadeau les attend dans leur chambre. Mary se dit que, si elle agissait astucieusement, eux au moins pourraient échapper à la prison. Alors elle se mit debout, leva au-dessus de sa tête sa carte de police et cria, le plus fort qu'elle pût :

— Capitaine Lester de la Police Nationale ! Votre complot est déjoué ! À l'heure qu'il est, six compagnies républicaines ont bouclé le quartier. Si vous renoncez à vos projets et partez pacifiquement tout de suite, ils vous laisseront passer. Si moi je ne suis pas ressortie avant dix minutes, une équipe du GIGN donnera l'assaut et vous finirez tous en prison ou pire.

Ce qui était une collection de mensonges, car seul un car de C.R.S. posté d'habitude à proximité de la place de la Bastille avait été déplacé à l'une des entrées du square. Elle comptait sur le fait que les comploteurs devaient être des commerçants ou des industriels peu désireux de se frotter auxforces de l'ordre. Elle n'eut pas tort, la bousculade pour se ruer au-dehors fut épique. Le marquis adressa à Mary son regard le plus noir, sortit un derringer de sa poche et se brûla la cervelle.

Il fallut faire avancer un camion au fond du square pour charger les faux plans et guides de Paris et leur faire prendre le chemin du pilon. Une fois repérées, les fourgonnettes prirent celui de la fourrière en attendant d'être affectées à des Gendarmeries nécessiteuses. Il n'était pas possible de fondre en France les plaques portant les faux noms de rues, aucun haut-fourneau n'y étant allumé. On les achemina donc à Fos-sur-Mer, où elles furent embarquées pour l'Inde, où personne ne prêterait attention à leurs inscriptions. Mary fut très remerciée verbalement - cela ne grevait pas le budget. Elle s'attribua donc d'office un supplément de vacances payées et prit le chemin des écoliers - la route des châteaux de la Loire, à visiter un par un ou presque - pour rentrer chez elle.

Elle avait jusqu'à présent esquivé toutes les insinuations de promotion, car la mutation obligée l'éloignerait de son cher Quimper, malgré l'autorité accrue qu'elle lui conférerait. Seulement, maintenant que le commissaire Fabien était proche de la retraite… on peut toujours rêver !

Voyage lorrain en 1961

Par Alain Grandil

— Vous vous rendez compte de ce que vous êtes en train de me dire ? demanda Mary Lester à son jeune interlocuteur.

— Vous êtes en train d'essayer de me faire croire qu'il est possible de voyager dans le temps ? Est-ce que vous ne seriez pas en train de vous payer ma tête, par hasard ? continua la jeune femme dont le sourire avait soudain quitté le visage.

— Absolument pas, répondit Gillan Renaud, très sérieux.

— D'ailleurs, je n'ai pas parlé de voyage dans le temps, mais d'une incursion dans le passé. Tout est peut-être dans la nuance, mais je peux vous dire que ça marche. J'en reviens… J'en ai d'ailleurs quelques preuves. Et pour tout vous dire, je vais y retourner. Avec ou sans vous… Pas vrai Bernie ? ponctua-t-il en s'adressant à son ami assis à ses côtés.

— Et comment ! fit l'interpellé. Je vais pas te laisser partir tout seul, mon gaillard.

Puis, s'adressant à la jeune femme incrédule :

— C'est la vérité, Mademoiselle Lester. On peut y aller, dans le passé ! Gillan ne vous raconte pas de salade, on y est allés, lui et moi, je vous garantis. Depuis, il est devenu l'héritier du temps. Il a toutes les paperasses qu'il faut pour le prouver. Il a même une banque en Suisse rien qu'à lui. Je peux aussi vous dire qu'on a foutu un sacré bordel chez quelques arriérés des sixties. Ça a bardé comme il faut pour certains! On a vécu ça tous les deux, c'était une sacrée aventure, je peux vous le dire. Et puis on est revenus, et sans bobo. Auparavant, on a mis un peu d'ordre à Florange et aux alentours. C'était y'a pas si longtemps... En 1963. Sauf que c'était plus de vingt ans au moins avant qu'on soit nés, Gilou et moi. Et croyez-moi, on a sacrément bien fait! Parce que sinon...*

— Oui bon, excusez-moi, les gars, mais je crois que ça suffit comme ça. J'en ai assez entendu pour aujourd'hui. Allez Jipi, viens, on s'en va, fit-elle à l'adresse du grand costaud qui l'accompagnait et avec qui Bernie avait tout de suite sympathisé.

Elle se leva, mais contre toute attente, son équipier resta assis.

— Mais Mary, dit-il, et si ces garçons disaient vrai?

— Ah, tu ne vas pas t'y mettre toi aussi!

— Ben quoi, dit le lieutenant Jean-Pierre Fortin, Y'a des trucs qu'on n'arrivait pas à expliquer avant et qu'on peut comprendre à présent. J'ai lu des articles incroyables dans *Science et Vie*, y'a pas si longtemps.

— Ah, parce que tu lis *Science et Vie*, maintenant?

— Ben oui, dit-il comme pour s'excuser, j'ai eu droit à douze numéros gratuits avec mon abonnement à *l'Équipe* plus la montre de Guynemer en cadeau. À mon avis, Bernie et Gillan doivent savoir de quoi ils parlent, tu ne crois pas?

— Non, répondit Mary, opiniâtre. On ne peut pas croire n'importe quoi.

L'histoire avait pourtant bien commencé. Mary

* *Voir:* L'héritier du temps *du même auteur (en attente d'édition).*

Lester était arrivée la veille en Lorraine, accompagnée de son fidèle équipier, le lieutenant Fortin. Le commissaire Fabien, tout occupé qu'il était à guider les premiers pas de deux nouvelles recrues, fraîchement émoulues de l'école de police, leur avait donné carte blanche pour une semaine. Pour l'heure, la relève au commissariat de Quimper lui semblait de première importance. D'autant que l'arrivée des deux « bleus » était assortie de deux départs à la retraite. De plus, il n'y avait pas de grosse enquête en cours. Tout juste le train-train quotidien.

Et puis, Mary Lester, en qui il avait toute confiance, lui avait parlé d'une curieuse affaire, vieille de quarante-neuf ans et qui avait attisé sa curiosité.

En 1961, un postier qui convoyait des fonds de Metz à Thionville, en Moselle, s'était fait mitrailler par un commando fortement armé. On n'avait jamais retrouvé les assassins du postier, ni les cinq millions de nouveaux francs qu'il transportait en toute discrétion dans sa 2 CV fourgonnette jaune.

— Qui donc vous a parlé de cette affaire, si longtemps après, Mary? lui avait-il demandé, intrigué.

— Un certain Gillan Renaud. Trente ans. Résidant à Florange, en Moselle. Son grand-père était un ami de la victime et lui en a souvent parlé. Du coup, il s'est intéressé à cette histoire et prétend avoir des éléments nouveaux pour élucider le mystère qui l'entoure.

— Et qu'est-ce que vous en pensez?

— Ben, c'est peut-être idiot, Patron, enfin plutôt fugace, mais j'ai le sentiment que ce Renaud doit savoir pas mal de choses restées dans l'ombre… Peut-être grâce à son grand-père, bien sûr. Mais c'est curieux, j'ai vraiment eu l'impression, au travers de ce qu'il m'a écrit et dit, qu'il avait enquêté personnellement sur cette affaire qui figure parmi celles non élucidées de ces cinquante dernières années. J'ai vérifié, et ça m'a interpellée.

— Je comprends. Et comment vous a-t-il contacté, ce Renaud ?

— Oh, il m'a d'abord envoyé un mail, puis d'autres. Nous avons échangé et enfin, il m'a téléphoné. Il me connaissait de réputation, surtout depuis mon séjour en Lorraine il y a trois ans. Ses parents habitent tout près d'ici. À l'Île-Tudy, précisément. C'est un de ses cousins, policier à Thionville, qui lui a fourni mes coordonnées. L'affaire Valéra, en collaboration avec le commissariat de Thionville, vous vous souvenez ?*

— Oui, parfaitement, avait-il répondu en allant se rasseoir, l'air soucieux. Il avait alors pris en main sa règle de bois précieux aux inserts d'angles en laiton et essayé en vain de faire ployer son inflexible rectitude.

— Vous savez, Mary, avait-il poursuivi, il s'agit-là d'une vieille histoire. Trop vieille sans doute pour qu'elle puisse être résolue près de cinquante ans après. Aussi, je pense qu'il y a prescription aujourd'hui, mais sait-on jamais ? Il est toutefois possible de recueillir encore quelques informations là-bas. Bref, je ne vois pas d'inconvénient à ce que vous vous rendiez en Lorraine avec Fortin pour voir de quoi il retourne. Mais attention ! avait-il prévenu sentencieux. N'allez pas encore vous fourrer dans une vieille affaire d'état ! Je connais un attaché du ministère de l'Intérieur à qui, aujourd'hui encore, une telle initiative ne plairait pas du tout.

— Vous voulez parler de ce cher Mervent, avait-elle lancé, perspicace.

* *Voir :* Meurtre au pays du fer *du même auteur.*

— Pour ne pas le nommer, oui.

— Pfff, celui-là, lâcha Mary dépitée.

— Eh oui, jeune fille, celui-là ! Je vous conseille de ne pas trop l'oublier. Allons, filez, et pas de vagues, surtout. Vous m'avez bien compris, n'est-ce pas ?

— Bien sûr, patron. Et merci ! Ce voyage en Lorraine va me changer les idées, et accessoirement me permettre de roder ma nouvelle voiture, avait ajouté Mary tout sourire.

— Ah bon, vous n'avez plus votre Twingo ?

— Eh non, je l'ai donnée à mon amie Amandine Trépon. Sa vieille 4L l'avait lâchée.

— Très bien avait-il conclu, amusé. Et qu'avez-vous acheté à la place ?

— Une Mini Cooper, patron ! Le nouveau modèle qui décoiffe ! Jipi... Euh, je veux dire Fortin, se réjouit déjà de la conduire. On se relaiera au volant.

— Je comprends, avait ajouté le divisionnaire. Ça me fait penser que je vais devoir moi aussi changer ma Xantia. Probablement pour une C4... Madame Fabien y tient beaucoup. Il faut dire que mon beau-frère travaille chez Citroën à Rennes.

Mary avait pris congé, laissant le commissaire Fabien à ses préoccupations pour rejoindre Jipi dans son bureau et le prévenir de faire sa valise.

Et c'est ainsi que, partis tôt le lendemain, ils étaient arrivés entre Metz et Luxembourg après un voyage sans histoire. Sur place, ils avaient réservé deux chambres dans un hôtel situé dans le parc d'attractions d'Amnéville-les-Thermes. L'endroit avait tout de suite plu au lieutenant Fortin, à cause des nombreuses activités sportives qu'il proposait, sans compter les loisirs de toutes sortes. Tout était concentré sur un superbe et vaste plateau boisé qui faisait la fierté de la région.

— C'est géant ici, avait-il commenté à Mary pendant le repas. T'as vu un peu tout ce qu'il y a sur ce site ? C'est pas croyable ! On pourrait carrément y passer ses vacances. Y'a même une piste de ski indoor connue dans toute l'Europe ! On y organise des compétitions internationales, ajouta-t-il.

— Eh oui, mon bon Jipi. Comme tu dis, c'est géant. Mais entre nous, heureusement que c'est plutôt calme, parce qu'en ce qui me concerne, je me serais contentée d'un endroit un peu moins fréquenté.

— Ouais bon, mais justement, un endroit pareil, c'est normal que ça attire du monde, quoi !

— C'est même fait pour ça, mon grand, je sais.

La résolution de Mary fondit comme neige au soleil. Jipi restait assis avec les deux jeunes gens. Et puis Gillan Renaud lui avait dit : « Avec ou sans vous ».

Non mais, qu'est ce qu'il croyait, celui-là ? Que Mary Lester allait se déballonner pour un improbable saut de puce en 1961 ? Évidemment, si c'était réalisable, la chose ne manquerait pas de lui foutre la trouille le moment venu. Mais après tout, elle s'était emportée un peu vite. Il fallait tâcher d'en savoir plus, même si l'on nageait en pleine science-fiction. Jipi, elle l'aurait juré, était prêt à accompagner les deux hommes. Surtout pour suivre l'autre grand costaud avec qui il avait sympathisé d'instinct. Encore un abonné à l'*Équipe* et aux salles de sports, celui-là.

Quant à Gillan, elle avait beau chercher, il n'y avait rien à dire. C'était un type calme, intelligent, beau garçon en plus. Ce n'est pas qu'il l'avait conquise avec ses voyages dans le passé, loin de là, mais sa détermination à vouloir éclaircir à tout prix le mystère qui entourait l'assassinat de ce postier et la disparition des cinq millions qu'il transportait, attisait fort sa curiosité. C'est d'ailleurs à cause de cela qu'elle se trouvait aujourd'hui en Lorraine. Elle n'avait tout de même pas fait le voyage pour rien.

Mary se rassit. Curieusement, il lui vint à l'esprit qu'elle aussi détenait de mystérieux pouvoirs hérités de la Gwrac'h.*

Alors était-il possible que Gillan Renaud ait hérité lui aussi de quelques surnaturelles dispositions ? C'était à voir.

— Écoutez-moi bien, Gillan. Je suis venue ici parce que je vous ai fait confiance et que l'affaire dont vous m'avez parlé m'intrigue au plus haut point. Vous me dites que vous pouvez nous véhiculer sans danger sur les lieux de l'attentat en 1961. Très bien. Mais avant que je ne me ravise pour de bon, vous avez intérêt à me prouver séance tenante que tout cela est possible et surtout sans danger.

— Pas de problème, Mary. Je comprends fort bien votre réserve. Moi non plus, je n'étais pas rassuré pour mon premier voyage.

— Moi, ça m'a rien fait, lança Bernie, hilare. Depuis, j'aime bien aller me balader dans le passé avec Gillan, et j'ai confiance. Avec lui et son système, on n'a rien à craindre. Ce qui s'est passé avant, ça devient de l'actualité, même si ça peut vous paraître incroyable, Mademoiselle Lester.

— Appelez-moi Mary s'il vous plaît, Bernie. Je ne partage pas totalement votre enthousiasme, mais

* *Voir :* La Bougresse *de Jean Failler. Éditions du Palémon.*

il fait plaisir à entendre. Je vous sens tout dévoué à la cause de votre ami, et c'est fort louable. De plus, vous m'avez l'air tellement en phase avec le lieutenant Fortin, qu'il serait cruel de vous séparer, n'est-ce-pas ?

— C'est vrai, Mad… euh, je veux dire Mary. Jean-Pierre et moi on est vraiment accros de sports, tous les deux. D'ailleurs je l'ai déjà invité à faire la « Trans-Jurassienne » avec moi l'hiver prochain. Ça le tente bien, parce qu'en Bretagne, il n'a pas souvent l'occasion de skier, qu'il m'a dit. En plus, il n'aura rien à débourser, Gillan finance l'épreuve pour nous !

À nouveau assise, son regard se perdit derrière l'épaisse vitre qui les séparait de la piste de ski du Snowhall d'Amnéville. On en distinguait à peine le sommet, mais régulièrement, des skieurs en descendaient, comme à la montagne. Ils finissaient par se rapprocher après de longues glissades pour s'arrêter au bas de l'impressionnante pente, dans de savants dérapages qui faisaient voler la neige artificielle. Le spectacle semblait fasciner Fortin et son nouveau copain. Elle ne put réprimer un frisson et porta à ses lèvres la tasse de chocolat chaud qu'elle avait devant elle. L'endroit où ils s'étaient donné rendez-vous ressemblait à une sorte de chalet, meublé de néo-rustique. Ils avaient fait connaissance et s'étaient attablés après avoir commandé des boissons chaudes. C'était une sorte de café-restaurant agencé sur plusieurs niveaux. Derrière la vaste baie vitrée, cependant, le spectacle avait quelque chose d'irréel.

— Je comprends pourquoi vous ne m'ayez pas parlé de ces voyages dans le temps avant aujourd'hui, dit-elle à Gillan qui l'observait.

— Eh oui Mary, avec une telle révélation au téléphone ou sur un mail, vous m'auriez pris pour un cinglé et vous ne seriez pas venue.

— Il y a des chances, en effet. Et maintenant que je suis là, je vous avoue que j'ai bien envie de repartir. Mais voyez-vous, Gillan, je suis d'un naturel curieux, et puis... Et puis vous n'avez décidément pas l'air de me raconter des bobards. Un bon point pour vous, mon ami. Mary réfléchit un instant avant d'ajouter :

— Dans la correspondance que nous avons échangée, vous m'avez convaincue. Il y avait dans vos propos des détails sur cette vieille affaire que vous n'étiez normalement pas censé connaître. À part votre grand-père, qui vous a parlé de cette histoire ?

— Personne, Mary. Je suis allé enquêter sur place. Et tenez, j'ai même acheté les journaux de l'époque. L'affaire avait fait grand bruit dès le lendemain. Et puis plus rien.

Et il lui tendit deux quotidiens régionaux d'allure vieillotte. Mais à bien y regarder, Mary put constater que les journaux, datés du 5 septembre 1961 étaient neufs. Pas la moindre trace de jaunissement ou d'ancienne pliure dans le papier du *Républicain Lorrain* dont elle parcourait la une.

Un postier assassiné par un commando titrait le journal en première page, juste au-dessus d'une photo choc qui montrait le corps de l'infortuné fonctionnaire étendu sur le siège de sa 2 CV de la Poste, ses jambes pendant sur la chaussée. Le véhicule attestait qu'on l'avait effectivement mitraillé, de nombreux impacts de balles étaient bien visibles sur la photo. La portière était en outre restée grande ouverte et présentait un drôle d'angle, comme si on l'avait pliée vers l'arrière pour mieux montrer le carnage.

Mary pouvait imaginer la suite, mais se promettait de lire la presse en détail plus tard.

— C'est l'une de vos preuves, ces journaux? demanda-t-elle à Gillan.

— Oui, si l'on veut, c'en est une, mais en voici d'autres, dit-il énigmatique, tandis que Bernie et le lieutenant Fortin s'extasiaient encore devant les évolutions des skieurs sur la piste.

Il tendit à Mary une enveloppe qu'elle s'empressa de décacheter. Elle en sortit quelques douilles de gros calibre, une demi-douzaine de billets de cent nouveaux francs et, chose inattendue, le carnet de bord de la 2 CV des PTT. Ce dernier n'était pas une pièce de collection et devait être difficilement falsifiable. À l'intérieur figuraient, écrits au stylo à bille, les noms des différents utilisateurs du véhicule, la nature des trajets, avec leurs horaires et kilométrages. Il ne semblait pas avoir subi les outrages du temps. Il ressemblait en fait à un document de travail ancien qui, comme par miracle, serait resté d'actualité, ou du moins en activité. En outre, le numéro d'immatriculation de la fourgonnette y figurait, fraîchement scotché sur la couverture et il correspondait à celui, bien visible, de la photo du journal.

— Vous pouvez vérifier, Mary, si vous avez des archives là-dessus, les numéros de certains billets neufs, comme ceux-ci, correspondent à des séries qui étaient transportées par le postier. Quelques-uns ont été perdus par le commando à cause d'un sac déchiré. J'ai pu ramasser ceux-ci, avec les douilles sur les lieux de l'attentat. Le carnet de bord de la voiture était par terre également. Un des agresseurs a fouillé la voiture et balancé des trucs sur la route. Comme s'il cherchait quelque chose.

— En effet, Gillan, ce sont ces détails qui m'ont interpellée lorsque vous m'avez contactée. Je me suis longtemps demandé comment de tels indices vous étaient parvenus. Il semblerait que si voyage dans le passé il y a eu, vous ne me racontez pas de conneries. Parce que, voyez-vous, j'ai tout vérifié dans les énigmes non résolues par la police ces cinquante dernières années. Et vous avez l'air d'en savoir plus que ce que mentionnent les rapports officiels. Pourtant, comprenez-moi bien, votre histoire est dure à avaler.

— Je comprends, Mary. Mais pourquoi vous aurais-je raconté des conneries ? Je tenais à ce qu'un flic soit au courant de ce que je sais de cette histoire. C'est à vous que j'ai pensé, et je vous ai choisie pour que vous puissiez en témoigner, le cas échéant. Et en effet, vous ne lirez nulle part que des billets de banque ont été retrouvés sur place par la police, pas plus que le carnet de bord de la 2 CV. Et de plus…

— Quoi, de plus ? fit Mary qui scrutait le visage de Gillan soudain énigmatique.

— Eh bien, voici une photo qui va peut-être achever de vous convaincre, lui lança-t-il en lui tendant un cliché couleur numérique daté du 19 février 2010 à 14h29.

On y voyait Gillan Renaud près de la 2 CV jaune de la Poste, peu après la fusillade, semblait-il. Il avait le visage grave et tenait en mains les indices qu'il venait de lui fournir. Le corps du postier tué était dans la même position que sur la photo du journal.

— C'est Bernie qui a pris la photo, précisa-t-il. C'était la première fois que nous nous rendions sur place. Et vous devez bien vous douter que j'en ai un paquet d'autres. Écoutez Mary, ne tournons plus autour du pot. Suivez-moi avec nos amis en 1961. Faites-moi confiance. Je vous garantis que vous allez découvrir bien des choses! Nous ne craignons rien, je vous l'assure. Tout, absolument tout, est sécurisé. Et puis Bernie et votre lieutenant vont se régaler, vous verrez... Effet garanti!

— Bien, fit Mary. J'imagine que ces deux-là n'attendent que ça. Quant à moi, vous ne m'aurez convaincue pleinement que lorsque nous serons revenus de cette petite virée sur place. Parce que, des preuves comme celles que vous m'avez fournies, vous savez comme moi que ça peut se fabriquer. Mais je n'ai ni le temps ni l'envie de vérifier. Alors c'est dit, je vous fais confiance. J'espère ne pas avoir à le regretter.

— Vous verrez, vous allez être épatée!

Gillan sourit intérieurement en pensant qu'il aurait pu dire à Mary « Vous n'en reviendrez pas ». Il était persuadé que ce genre d'ironie n'aurait pas échappé à la jeune femme, compromettant fortement l'expédition.

— Et c'est en voiture que vous comptez nous véhiculer jusqu'en 1961?

— Absolument! Dans une Peugeot 403 d'époque, toute neuve et équipée d'un dispositif particulier, c'est tout. Et rassurez-vous, on ne va pas bien loin. Pas question d'heures de voiture éreintantes, nous serons sur place aussi vite que si nous décidions d'aller au supermarché du coin.

— Vous avez dit une 403 d'époque toute neuve? Vous voulez dire une vieille bagnole restaurée?

— Non Mary, je suis allé l'acheter il y a trois mois chez le concessionnaire Peugeot le plus proche... En 1965 en fait, la dernière année de production de ce modèle arrivé à maturité. Si vous voulez voir la carte grise, elle est d'époque, elle aussi. Et à mon nom!

Abasourdie, Mary ne répliqua pas. Décidément, ce type commençait à l'épater. Sans en avoir l'air, il avait tout d'un aventurier. D'un aventurier moderne, pas d'un savant fou.

Comme s'il avait deviné ses pensées, Gillan lui précisa:

— Vous savez, je n'ai rien inventé. Je ne fais qu'utiliser un système mis au point par un vieil ami qui a vu en moi l'héritier qu'il attendait.

Mary Lester se rendit soudain compte que Jipi et Bernie les observaient, elle et Gillan. Elle n'avait pas bien réalisé à quel moment ils avaient fini par se détourner du spectacle de la piste de ski indoor, mais ils paraissaient vraiment très intéressés par leur conversation. Tous deux affichaient des regards interrogateurs.

— On y va, Mary? firent à l'unisson Jean-Pierre Fortin et Bernard Kevlon.

La 403 grise, étincelante, attendait sagement sur le parking du Snowhall. Garée entre une Clio et la nouvelle Mini de Mary, elle ressemblait un peu à un jeune dinosaure égaré dans un troupeau de moutons. Lorsqu'ils s'y installèrent, Mary put constater que la voiture était effectivement flambant neuve. Même l'odeur qui flottait dans l'habitacle en attestait.

Gillan démarra et, tout en roulant à faible allure pour quitter le complexe de loisirs, il s'activa de la main gauche sur ce qui semblait être une calculette fixée sur le tableau de bord. Ils parcoururent quelques kilomètres en ville avant de s'engager, après quelques ronds-points, sur une départementale assez peu fréquentée. Des panneaux de signalisation indiquaient le chemin à suivre pour se rendre à Metz ou à Thionville par l'A31. Gillan ignora ces panneaux et prit une autre direction qui les fit traverser en passant par bois et champs un ou deux villages dont Mary ne retint pas les noms.

C'est à la sortie de la seconde petite agglomération que tout changea pour de bon. Gillan avait ralenti pour franchir un passage surélevé puis avait accéléré sur la route de campagne. Sa vitesse stabilisée, le moteur de la voiture émettait une agréable sonorité feutrée. Bien installée dans le fauteuil passager de la voiture, la jeune femme en aurait presque oublié l'appréhension qui la tenaillait malgré elle. Tassés sur la banquette arrière, Jipi et Bernie regardaient le paysage sans mot dire.

Gillan ne disait rien non plus. À chaque passage qu'il effectuait à destination du passé, et bien qu'il y fut désormais presque habitué, il sentait lui aussi un petit pic d'anxiété le gagner, au moment crucial. Mais cela ne durait jamais. Pas plus en tout cas que l'excitation de l'aventure qu'il provoquait. Si elle faisait monter son taux d'adrénaline, elle lui procurait aussi bien des satisfactions. Il se sentait alors tel un grand voyageur, un conquérant de plus en plus aguerri dans un monde finalement méconnu. Et cela lui plaisait fort.

Mary avait pressenti quelque chose de pas banal, forcément. En fait elle ne ressentit rien de particulier, mais alors que de tous ses yeux elle regardait la route et le paysage qui défilaient par le pare-brise et les vitres latérales de l'auto, elle sut tout à coup qu'il s'était passé un événement extraordinaire. C'était à la fois peu important et primordial, indéniable.

Elle avala sa salive avec difficulté, ne parvenant pas à prononcer un mot. Sidérée, elle scrutait à présent le profil de Gillan, comme pour voir s'il allait bien :

— Alors, on y est dans le passé? parvint-elle à articuler.

— Oui, Mary. On y est. Nous sommes le lundi 4 septembre 1961, il est 8 h 30, heure locale, c'est-à-dire cinquante-cinq minutes avant le drame. Vous avez pu constater que le soleil n'est plus à la même place dans le ciel, que la route est plus étroite et le revêtement bien plus mauvais qu'il y a un instant. Je passe sur les bandes blanches sur le macadam qui sont jaunes à présent, et plutôt mal alignées. Le décor n'est plus tout à fait le même non plus, avec ces arbres fruitiers qui bordent la chaussée. C'est comme ces vaches derrière la clôture, sur votre droite, vous avez remarqué? Elles ont remplacé soudainement un plan d'eau et un parcours de santé conçus pour les promeneurs, les sportifs et les pêcheurs de 2010.

— Ah oui ça, pour voir, j'ai vu! Si je ne craignais pas de dire une bêtise, je dirais qu'il faut le voir pour le croire... Parce qu'en fait c'est incroyable! Je n'ai jamais vu un truc pareil! Dites-moi que j'ai la berlue, que je rêve et que je vais me réveiller chez moi, dans mon lit, venelle du Pain cuit à Quimper... Que ma copine Amandine m'a préparé un bon café fumant et odorant avec des tartines de beurre salé. Je ne sais pas, moi, dites-moi quelque chose de rassurant, n'importe quoi!

Gillan sourit.

— Tout d'abord, Mary, comme je vous le disais

tout à l'heure à Amnéville, vous ne risquez rien ici et maintenant, en 61. Il ne peut rien vous arriver. Vous pensez bien que je n'aurais pas pris le moindre risque, ni pour vous ni pour Jean-Pierre. Bernie, lui, est vacciné. À chaque fois, ça lui fait des vacances… Non, ne vous égarez pas, Mary, le plus impressionnant reste à venir. Ça va se passer bientôt. Nous allons assister à la fusillade. Et ça, je vous l'assure, ce n'est vraiment pas drôle. Je n'ai à ce jour jamais réussi à m'y habituer. Mais bon, vous êtes flics, vous et Jipi. C'est la raison de votre présence ici aujourd'hui, n'est-ce-pas ? Vous comprenez mieux maintenant pourquoi je vous disais dans mes messages que j'avais de nouveaux éléments à vous communiquer sur l'affaire en question ?

— Euh non, pas encore très bien, répondit Mary. Que voulez-vous que je vous dise ? Que vous êtes un champion de l'investigation parce que vous m'emmenez sur une scène de crime dans les années soixante ? Qu'est-ce que vous voulez que ça me fasse, après tout ?

Gillan ne répondit pas. Il sentait Mary Lester nerveuse et détournait parfois les yeux de la route pour la regarder. Un peu butée et boudeuse, assise sur son siège les bras croisés, elle avait l'air de réfléchir intensément. À l'arrière, il entrevoyait dans le rétroviseur le grand Jean-Pierre Fortin et son ami Bernie tout aussi imposant. Les deux gaillards avaient plus ou moins gardé le silence durant le « transfert ». Le lieutenant affichait un air calme et confiant. Il semblait captivé par le spectacle que lui offrait cette route de campagne d'un autre temps. Les imposants tas de fumier disposés devant les fermes lorraines l'amusaient beaucoup.

— T'as vu ? dit-il à Bernie, cette publicité peinte sur le mur de la bicoque là-bas ? C'est pour la brillantine *Forvil*... Putain, c'est incroyable, je me souviens que mon grand-père paternel en avait toujours un flacon chez lui, sur l'étagère de la cuisine, juste au-dessus de l'évier. Il était d'origine italienne, ajouta-t-il, nostalgique.

— Il avait toujours les cheveux recouverts de cette mixture, continua-t-il. Mais ça sentait bon, j'me rappelle. Et ça brillait. Y'avait de beaux reflets dans ses cheveux argentés.

— Y s'appelait pas Fortini par hasard, ton grand-père, Jipi ?

— Alberto Fortini, oui, comment t'as deviné ?

— Oh tu sais, Jipi, ici, il y a pas mal de transalpins. Finalement, ils sont tous devenus aussi lorrains que les natifs de la région, et ça ne date pas d'hier. Mon grand-père à moi s'appelait Tarcisio Kevloni, précisa-t-il à son nouvel ami. Mais tu vois, je ne savais pas que les Italiens avaient poussé jusqu'en Bretagne dans les années trente ! Ou avant, va savoir...

Le rire clair des deux hommes résonna dans l'habitacle.

Gillan venait de repérer sur la gauche la petite route qui devait les conduire à la planque qu'il avait trouvée les jours derniers. De là, ils seraient invisibles mais pourraient en revanche observer la scène dans son intégralité.

— Nous y sommes presque, lança-t-il à la cantonade.

Puis davantage à l'adresse de Mary, il ajouta :

— Et vous allez enfin avoir tous les indices dont je vous ai parlé.

— Vous faites allusion à ce fameux film dont personne n'a jamais entendu parler ?

— Oui, entre autres.

— Et comment comptez-vous faire pour vous le procurer ?

— Tout simplement en le filmant moi-même, Mary. Et il adressa son plus beau sourire à la jeune femme qui paraissait soudain moins contrariée.

— Simple, en effet, lui dit-elle. Il suffisait d'y penser. Je suppose que vous avez tout prévu ? Car je ne doute plus que vous disposez d'incroyables moyens.

— Je crois que oui. Ceci dit en toute modestie, bien entendu.

La voiture cahotait sur la petite route dont le macadam s'en allait par plaques. Il s'agissait plus d'un chemin destiné aux tracteurs et autres activités rurales. De nombreuses bouses de vaches en attestaient. On apercevait quelques exploitations agricoles isolées dans la campagne, tandis qu'au loin, les habitations d'un petit village semblaient bien groupées autour de son église qui émergeait d'une légère brume. Arrivé à un carrefour signalé par de gros poteaux d'indications Michelin, Gillan obliqua sur la droite. La route, devenue sinueuse, montait à présent dans une épaisse forêt. Ils continuèrent ainsi durant deux bons kilomètres avant de s'arrêter dans une sorte de clairière qui offrait un vaste panorama. Un muret de pierres en partie détruit ceinturait l'endroit qui ressemblait à une sorte d'observatoire à l'usage des promeneurs.

Gillan coupa le contact et les quatre jeunes gens descendirent de la voiture.

D'où ils se trouvaient, on jouissait en effet d'une

vue panoramique sur cet endroit de la vallée de la Moselle. On apercevait clairement la rivière tout comme la route départementale qui la longeait à plus ou moins brève distance. Le tout était encaissé entre de verdoyantes collines qui alternaient avec de belles étendues de prairies et de champs cultivés. Les industries implantées dans la région n'étaient pas visibles d'ici. Mary Lester fit quelques pas pour admirer le paysage qui ne manquait pas d'attrait. Gillan Renaud ne manquait pas d'attrait non plus, mais elle ne pouvait s'empêcher de penser qu'il jouait aux apprentis sorciers malgré sa belle assurance.

« Bon, après tout, il a l'air de bien gérer la situation. Si seulement je pouvais me poser moins de questions... Comme ces deux-là, tiens, se dit-elle en avisant Bernie et Fortin qui plaisantaient ensemble ».

Gillan Renaud était allé aussitôt ouvrir le coffre de la voiture. Il en sortit un sac de voyage en grosse toile bleu-marine qu'il posa à même le sol. Mary et les deux garçons le rejoignirent. Il ne devait plus y avoir beaucoup de temps avant l'attaque de la fourgonnette.

— Bon, les amis, dit-il concentré, en faisant glisser les fermetures Éclair du sac, je vais distribuer les rôles si vous le voulez bien. Je sais ce qui va se passer ici, j'ai donc un petit avantage sur vous. Le déroulement des évènements est hélas immuable. Vous allez assister à l'attaque de la 2 CV des PTT dans environ une demi-heure. Nous ne pourrons pas intervenir pour qu'elle n'ait pas lieu. Dans le cas présent, il nous est malheureusement impossible de changer le cours de l'histoire. Le commando va se mettre en place très rapidement, presque sous nos yeux, à peine huit minutes avant le passage de la fourgonnette. Il consulta sa montre chronographe Universal et indiqua :

— Il est 8h51. Merci de régler vos montres. Les gangsters s'installeront donc ici, à cinquante mètres en contrebas, à 9h16 exactement. La fusillade se produira à 9h25. À 9h31, tout sera terminé. D'ici-là, nous avons tout le temps de nous placer pour filmer et prendre des photos. Ce sera notre mission à Mary et à moi-même. Jean-Pierre et Bernie, j'ai ici l'artillerie qu'il vous faut. Et il sortit d'un compartiment du sac deux pistolets automatiques Lüger aux silhouettes inquiétantes. Il leur tendit à chacun un P08 et expliqua. Ce sont des armes équipées pour le tir de cartouches paralysantes, non létales. Le 9 mm parabellum est pratiquement le seul calibre qui convienne à ce type de munition.

Puis il sortit du bagage une caméra super 8 Bollex Maillard de fabrication suisse et équipée d'un téléobjectif, ainsi qu'un appareil photo reflex Nikon F professionnel qu'il confia à Mary.

— Je sais que vous aimez prendre des photos, Mary. Vous allez pouvoir exercer vos talents sous peu. Désolé que ce soit à l'occasion de circonstances si dramatiques.

— En effet, Gillan, j'aurais préféré photographier le paysage, mais vous pensez bien que si je peux tirer le portrait de ces assassins, je ne vais pas me gêner.

Tout près, Bernie et Jipi se familiarisaient avec leurs pistolets, faisant jouer les mécanismes d'armement et les chargeurs dans les crosses, examinant les drôles de balles translucides qui y étaient stockées.

— Bon, dit Gillan, on a le temps de faire un petit briefing, ce ne sera pas inutile. Je vais vous expliquer le topo, vous dire comment ça va se passer.

Tous se rapprochèrent de Gillan et se firent très attentifs.

— Voilà, dit-il, en montrant la vallée en contrebas, vous avez pu constater que d'ici on a une vue imprenable sur la route qui vient de Metz. La voiture de la Poste va donc venir de là-bas et elle se fera attaquer au pistolet-mitrailleur par des types qui vont venir stationner à hauteur du petit bosquet que vous voyez ici, sur la droite, à une cinquantaine de mètres environ, comme je vous l'ai dit. Les types sont quatre en tout. Vous les verrez tout à l'heure se garer à l'endroit indiqué, c'est-à-dire dans l'allée transversale, à l'abri des arbres. Ils ont une DS 19 beige et noire qu'ils placeront en marche arrière, prêts à décamper.

Ils vont descendre de voiture pour fumer des cigarettes ou aller pisser en attendant la fourgonnette. Vous verrez, ce sont des bonshommes au genre plutôt quelconque et qui opèrent à visage découvert. Pas de tenues de combat ni de cagoules, c'est plutôt le style gabardine et chapeau mou, comme dans les vieux films policiers. Cependant, malgré leur allure de péquenots démodés, n'oubliez pas qu'ils sont armés jusqu'aux dents et que ce sont de dangereux salopards.

Après la fusillade, poursuivit Gillan, la 2 CV, qui roule à environ quarante à l'heure, va louvoyer sur une dizaine de mètres avant d'être stoppée par la borne kilométrique que vous pouvez apercevoir presque en dessous de l'endroit où nous nous trouvons. À partir de ce moment-là, tout ira très vite. À chacun de vous d'emmagasiner le plus de détails possible sur cet attentat crapuleux. Même près de cinquante ans après, ça pourra être utile pour classer l'affaire, n'est-ce pas, Mary? Et je pourrai quant à moi témoigner pour mon grand-père. Comme je vous l'ai dit, ce postier était son ami. Je pourrai au moins lui dire qui l'a tué et qui sait, pourquoi?...Quelqu'un a des questions?

Ce fut Jean-Pierre Fortin qui, perspicace, demanda le premier:

— Bernie et moi, on est censés faire quoi dans l'histoire, Gillan?

— Bonne question, Jean-Pierre! Comme je le disais tout à l'heure, on ne peut pas changer le cours de l'histoire, mais on peut se permettre avec lui quelques fantaisies sans que la mémoire collective ait à en souffrir.

— À quoi pensez-vous? intervint Mary.

— Je pense que nous serions trop bons si nous laissions filer ces quatre fumiers avec les cinq millions, après qu'ils aient assassiné ce malheureux convoyeur de fonds. Souvenez-vous, on n'a jamais pu les identifier ni retrouver leur piste, faute d'indices et de témoins. On va tenter de changer ça en les filmant et en prenant des photos. On saura peut-être qui étaient ces types dans quarante-neuf ans, et ce qui a motivé leur attaque à la mitraillette. Très bien, mais avouez qu'il serait indécent que pendant tout ce temps ils continuent à vivre comme des princes avec une fortune bâtie sur un crime aussi crapuleux. Vous ne croyez pas?

— Allons, Gillan, venez-en au fait. Dites-moi ce que vous mijotez au juste? insista la jeune femme.

En effet, Gillan Renaud mijotait quelque chose. Et pour tout dire, quelque chose de pas très réglo. Il s'en ouvrit cependant à Mary Lester, au lieutenant Fortin et à son ami Bernie. Charge à Mary de décider dans une large mesure de ce qu'il était opportun de faire ou non. S'il pensait pouvoir bénéficier sans nuance de l'accord des deux hommes, l'appréciation de la capitaine de police qu'il avait choisie pour cette enquête d'un genre particulier ne lui semblait pas acquis d'entrée de jeu. Aussi, se disait-il, force restait à la loi, et il ne voyait pas très bien comment l'enfreindre seul, dans la mesure où il s'était attaché le concours de l'enquêtrice et de son lieutenant. En fait, cette affaire lui posait un problème de conscience. Seul avec son fidèle Bernie, elle aurait été vite expédiée. Mais, il n'avait encore jamais tenté ce genre d'expérience, et il souhaitait dans ce cas particulier, voir un œil neuf se poser sur une vieille histoire. Ne serait-ce que pour voir d'autres réactions que la sienne se faire jour. Il avait entraîné Mary et Fortin loin dans le passé, il ne souhaitait pas en retour les décevoir par une conduite qui les aurait choqués. Par conséquent, il se sentait leur obligé. Finalement, il fut agréablement surpris par la réaction des deux policiers. Si Jipi avait approuvé son projet, Mary l'avait plébiscité ! Il en fut heureux. Désormais, l'histoire était en marche et rien ne pouvait plus l'arrêter.

— On va enfin pouvoir en découdre avec ces macaques, ironisa Bernie. Jipi lui emboîta le pas en lui tapant sur l'épaule, alors que, plaisantant ensemble, ils se dirigeaient vers le poste d'observation qui leur avait été assigné.

La DS 19 stationnait à présent derrière le rideau d'arbres. Les types en imperméables en étaient descendus, leurs armes à la main. Ils n'avaient pas l'air commode, et Mary Lester se dit illico, en les fixant dans le viseur de son Nikon équipé d'un puissant téléobjectif, qu'ils n'avaient finalement rien à envier aux commandos modernes. Du moins lui flanquaient-ils une trouille égale. Elle lança à Gillan un regard qui accréditait sa détermination. Le jeune homme hocha la tête et la vit brandir un pouce en l'air en signe d'assentiment. Il répondit par un geste de la main. Le message était bien passé. L'heure d'arrivée des truands concordait avec ses dires. Le film qu'il avait raconté se déroulait à présent sous leurs yeux, comme au cinéma. Ne restait plus qu'à appliquer la suite du scénario qu'il avait imaginé.

Mary Lester, planquée à cinq mètres de lui derrière les vestiges du mur d'enceinte de la clairière en terrasse, ne perdait pas une miette des faits et gestes des quatre bandits. Elle avait déjà pris quelques clichés de la voiture et des inquiétants individus. C'était presque l'essentiel pour le moment. Gillan lui avait donné plusieurs rouleaux de pellicule 24x36 noir et blanc d'époque, quoique neufs, bien entendu. Elle allait pouvoir mitrailler à son aise et réaliser un reportage de qualité. Quant à lui, planqué derrière un pan du muret, il ne pouvait qu'attendre l'arrivée de la camionnette des PTT pour pouvoir commencer à filmer cette scène qui le hantait. Cette scène qu'il avait déjà vue plusieurs fois et dont il avait pu mesurer toute la sauvagerie sans jamais parvenir à s'y habituer.

Le bruit de crécelle si caractéristique du bi-cylindre de la petite Citroën allait s'amplifiant dans la vallée. Elle gravissait la côte, juste avant la ligne droite. Il arma sa caméra et attendit encore un peu. Une tache jaune au bout de la route se rapprochait inexorablement. La voiture arrivait. La gorge serrée, il enclencha l'appareil. Gillan entendit distinctement le changement de régime du moteur lorsque le conducteur changea de vitesse, lorsque l'auto, enfin lancée sur le plat et peinant à prendre de l'allure allait vers son destin. Dans le même temps, les cœurs battant fort dans les poitrines des quatre jeunes gens, les claquements de culasses des armes automatiques chargées par les truands se firent entendre, portés par une légère brise. Ces derniers s'étaient postés derrière le talus après avoir fumé quelques cigarettes, regardé nerveusement leurs montres, vérifié leurs kalachnikovs et être allé pisser.

La fusillade éclata tel le tonnerre. Le postier n'avait sans doute rien vu venir. Les quatre fusils d'assaut avaient entamé leur crépitement mortel avant qu'il n'ait pu appréhender quoi que ce soit. Roulant à faible allure, la voiture avait été hachée par les balles de gros calibre, toutes les vitres volant en éclats. Le véhicule parcourut comme dans un ralenti macabre une dizaine de mètres en zigzaguant avant de venir percuter une borne kilométrique sur la gauche de la route. Tout cela était écrit et s'était déroulé de façon immuable. Gillan, qui continuait à filmer, ne put que s'en rendre à nouveau compte. Mary Lester avait continué à emmagasiner des clichés. La messe était dite. La suite du plan restait à appliquer.

Un silence de mort avait suivi la violente attaque. D'où ils se trouvaient, ils virent les bandits se précipiter vers la 2 CV. L'un d'eux se dirigea vers l'habitacle, ouvrit la portière en grand, la pliant d'un coup de pied pour qu'elle reste ouverte. Il déplaça sans ménagement le corps du postier et se mit à fouiller dans le grand vide-poches du tableau de bord, jetant rageusement quelques objets à l'extérieur. Il prit enfin dans la poche de son pardessus un objet qu'il plaça sur la droite du levier de vitesses et revint vers ses acolytes, leur tendant les clés de la fourgonnette. Ils sortirent du compartiment arrière deux sacs en toile de jute qui, vraisemblablement, contenaient les cinq millions. L'un d'eux resta accroché à une aspérité de la tôle de la voiture, probablement due à un impact de balle. Quelques billets s'en échappèrent qu'ils négligèrent. Le pistolet-mitrailleur en bandoulière, les quatre individus se dirigèrent en courant vers l'arrière de la DS, portant les sacs. Le coffre à bagages fut prestement ouvert et le butin jeté à l'intérieur.

Jipi et Bernie, qui n'avaient rien perdu de la mortelle agression, attendaient, complètement médusés derrière d'épais buissons, de part et d'autre du chemin de traverse. Ils étaient descendus de la clairière par un petit sentier à l'usage des promeneurs et avaient fini par se rapprocher au maximum de la Citroën des gangsters. Parvenus à bonne distance, ils les avaient vus se ruer vers l'arrière du véhicule et y fourrer les sacs. C'est ce qu'ils attendaient pour pouvoir agir. Il leur fallait avoir enfin ces salopards à portée de feu de leurs armes modifiées, conçues pour des tirs à courte distance, à cause des faibles charges explosives de leurs munitions.

À moins de sept mètres de distance, ils tirèrent sur les sinistres individus, sans le moindre état d'âme. Jean-Pierre Fortin, en tireur d'élite, avait touché coup sur coup les deux premiers se tenant de son côté. Implicitement, Bernie avait fait feu sur les deux autres sans qu'ils aient eu le temps de réaliser ce qui se passait. La surprise avait été totale.

Instantanément, les quatre brutes furent paralysées. Tétanisées sur place, elles tombèrent lourdement sur le sol, bizarrement figées dans la position qui les avait surprises lors des impacts.

— C'est un peu comme un « taser », lança Bernie à Jipi. En mieux même, ils en ont pour un bon quart d'heure avant de refaire surface, ces cochons-là. Enfin logiquement, c'est comme ça que ça se passe, ajouta-t-il. Pour le moment, ils sont inconscients.

Fortin acquiesça sans mot dire. Les deux hommes s'élancèrent vers la voiture, délestèrent les bandits de leurs AK 47 puis sortirent les sacs de billets de la malle arrière et remontèrent vers la clairière pour charger le tout dans le coffre de la 403, là-haut. Ils croisèrent en chemin Gillan et Mary qui, bouleversés, mais caméra au poing, descendaient pour se ruer vers la scène de crime. Il fallait faire vite.

— On arrive! précisa Bernie à leur intention.

Arrivée sur les lieux, Mary prit encore de nombreux clichés de la voiture et de l'infortuné postier, mort. Allongé sur la banquette, le corps de celui-ci présentait la même attitude que sur la photo du journal que Gillan lui avait montré à Amnéville. Il lui semblait que ça faisait un siècle, à présent. Enfin, un demi, c'était déjà pas mal. L'heure étant décalée, la saison aussi, tout lui semblait à présent surnaturel, hors du temps. Pourtant, elle venait bel et bien d'assister à cet attentat terrifiant dont Gillan lui avait encore parlé, il y avait à peine quelques heures. Une chose primordiale avait cependant changé par rapport à l'histoire telle qu'elle s'était réellement passée en 1961. Les bandits n'avaient pu prendre la fuite aussitôt leur forfait accompli. Ils gisaient un peu plus loin, dans le chemin, près de leur voiture, et leur butin ainsi que leurs armes avaient été transportés et mis en lieu sûr par Fortin et Bernie. À leur réveil, dans une dizaine de minutes, les truands ne pourraient que tenter d'échapper à la Police, s'ils en avaient le temps, mais bredouilles et certainement avec un meurtre sur le dos. Le reste n'était plus de son ressort. Pour elle, c'était mission accomplie. Restait à rentrer au bercail sans encombre, retrouver son époque. Elle chercha Gillan du regard, comme pour lui signifier qu'il était temps de filer d'ici au plus vite et que tout reposait sur ses épaules.

Le jeune homme venait de terminer son film. Il fit un signe de tête à Mary, comme pour lui signifier qu'il avait compris et qu'ils allaient repartir.

— On va y aller, Mary. Vous pouvez rejoindre nos amis, je voudrais juste vérifier un petit détail qui me turlupine depuis le début.

— Je remonterai avec vous, mais grouillez-vous un peu, les autres ne vont pas tarder à se réveiller, lui enjoignit-elle.

— Ne vous inquiétez pas, Mary, il reste encore plus de cinq minutes, et ils en ont pour un bout de temps avant de réaliser et d'être à nouveau opérationnels, croyez-moi.

Ce disant, Gillan traversa le terre-plein et se pencha à l'intérieur de la 2 CV, s'efforçant de ne pas regarder le cadavre et tout ce sang qui maculait l'habitacle. À droite du levier de vitesses de la voiture, il y avait un petit mécanisme d'horlogerie qui égrenait son lancinant tic-tac. Ce dernier était relié à ce qui ressemblait à un paquet de beurre dans son emballage de papier, sauf que c'était sombre et que du petit réveil sortaient deux petits fils électriques qui transitaient à une sorte de grosse pile cylindrique. Prestement, il enleva le paquet et se mit à courir vers la DS.

— On peut y aller, dit-il à Mary, on repart.

La jeune femme ne se le fit pas dire deux fois et s'efforça de s'inscrire dans sa foulée.

Mais attendez-moi, bon sang! lui cria-t-elle.

— Je vous rejoins au bas du sentier! Coupez par la prairie, je vais jusqu'à la DS. Il faut que je pique les clés!

Mary obtempéra sans se faire prier. Parvenu près du véhicule, Gillan en ouvrit la portière et coinça le paquet entre les sièges. Les quatre types étant encore parfaitement immobiles, il ôta la clé de contact qui était restée sur le tableau de bord et la jeta le plus loin qu'il put. Il se remit ensuite à courir vers Mary qui l'attendait à l'endroit convenu. Fortin et Bernie descendaient à leur rencontre. Il restait à peine huit minutes, d'après ce qu'il avait vu sur le cadran de la bombe. Les truands n'avaient plus qu'une toute petite chance de s'en sortir vivants. C'était énorme comparé à celle qu'ils n'avaient pas laissée au postier assassiné.

Ils gravirent la pente à toute vitesse et s'engouffrèrent dans la 403. Gillan mit le moteur en route et démarra sur les chapeaux de roues, faisant gicler de l'herbe et des graviers. L'aventure avait été éprouvante pour tous, aussi chacun gardait le silence, en proie à ses propres pensées et craintes rétrospectives. Gillan pensa à ses précédentes visites sur le site. Depuis la première, il avait heureusement noté la présence de cette bombe déposée par l'un des voyous et destinée à éliminer toute trace de la voiture de la Poste. Il avait alors à chaque fois déconnecté les fils qui reliaient le mécanisme à l'explosif. Sage précaution qui lui avait permis de rester en vie, mais aussi de préserver une pièce à conviction et d'assurer une sépulture décente au malheureux postier. Aujourd'hui, il s'était assuré que la bombe était bien amorcée lorsqu'il l'avait déposée dans l'habitacle de la DS. Tic-tac, tic-tac, tic-tac…

Ce fut Mary qui, la première, rompit le silence après avoir repris son souffle.

— Eh ben dites donc, quelle affaire les gars! J'ai déjà vu des attaques en règle, je me suis même parfois retrouvée au beau milieu de fusillades, tu te souviens Jipi? Tu as failli y laisser ta peau…

Mais là, je dois dire que j'ai été estomaquée par la sauvagerie de ce hold-up! Toutefois, il y a un truc que j'ai trouvé bizarre, hormis le fait que je me trouvais là sur les lieux, en cette époque normalement inaccessible. Y'a rien qui vous a étonnés? demanda-t-elle en se tournant à demi vers Fortin et Bernie.

— Le temps était bien meilleur que quand on est parti d'Amnéville, lança Fortin.

— Non, c'est pas ça. On est partis en mars, là on est en septembre…

— À mon avis, dit Bernie, le gaillard de la Poste n'a vraiment pas eu de bol, parce que sa 2 CV, c'était une vraie passoire. Avec un fourgon blindé, comme maintenant, y serait pas mort, le pauvre. Je comprends pas comment on a pu lui faire transporter cinq millions dans une trottinette pareille. Ils auraient pu au moins le faire escorter par des motards, je sais pas moi…

* *Voir:* Le passager de la Toussaint *de Jean Failler. Éditions du Palémon.*

— Sans doute, Bernie, mais je pensais à autre chose. Soyez persuadé que ces malfrats auraient certainement pu faire davantage de victimes sans que ça les dérange. Sans compter que les fourgons blindés se font attaquer de nos jours au LRAC*.

Non, ce qu'il y a, en fait, c'est que personne n'est passé sur la route pendant tout le temps que nous étions sur les lieux. C'est ça qui me chiffonne. Pas une voiture, rien. Qu'en pensez-vous, Gillan? Vous qui connaissez le terrain.

— C'est tout simple Mary. J'ai oublié de vous en parler, mais la police, aidée par les Ponts et Chaussées, a pris soin de poser des déviations sur le parcours à mesure que la 2 CV des PTT avançait sur l'itinéraire. Je n'ai pas bien compris le but de la manœuvre, mais nous avons quant à nous emprunté la route bien avant la mise en place du dispositif, c'est-à-dire avant de nous arrêter sur les lieux du crime. Une tactique pas vraiment au point, puisque les truands ont pu intervenir le plus tranquillement du monde.

Gillan avait à peine terminé sa phrase qu'une formidable explosion retentit comme un coup de tonnerre. Des masses d'air déplacées par le souffle se heurtèrent à la voiture et parurent secouer les poteaux Michelin de l'intersection avec la route départementale qu'ils venaient de rejoindre. D'où ils se trouvaient, ils étaient à seulement huit cents mètres à vol d'oiseau de l'endroit où avait eu lieu l'attaque. Instantanément, d'épaisses flammes jaillirent au loin, depuis la cime des arbres qui leur cachait une partie de la route.

Maintenant, on peut être sûr que ça va rappliquer de partout! assura Gillan.

— Eh là, c'était quoi, cette explosion?

** LRAC: Lance-Roquettes Anti Chars.*

— Je ne sais pas, Mary. Sans doute un obus de la dernière guerre qui vient de péter… Il y en avait encore pas mal dans le secteur dans les années soixante…

— Arrêtez de me prendre pour une gourde, gronda-t-elle. Qu'est-ce qui vient de péter réellement là-bas? C'est effrayant, regardez! Ce feu et cette fumée noire… Vous avez trafiqué quelque chose, j'en suis certaine!

— Je n'ai fait que rendre la monnaie de leur pièce à ces salauds, avoua Gillan.

— Justement, expliquez-vous!

— Eh ben c'est simple, ils avaient placé une bombe à retardement dans la fourgonnette. Je n'ai fait qu'aller la remettre dans la DS avant qu'on s'en aille.

— T'as bien fait! s'exclamèrent en même temps Bernie et Jipi.

Mary jugea plus prudent de garder le silence. Ç'en était trop. Elle réfléchirait plus tard. La matinée avait été assez éprouvante comme ça.

Vous ne commencez pas à avoir faim? trancha Gillan, après quelques kilomètres. Des paroles enthousiastes jaillirent de l'arrière de la voiture alors qu'ils croisaient des camions de pompiers aux sirènes stridentes. Les flics n'allaient pas tarder à suivre, tout comme les journalistes. Gillan emprunta une autre route que pour l'aller. Il coupa la départementale pour rejoindre un autre axe. D'autres poteaux en béton indiquaient la direction de Thionville. On était encore loin du XXIe siècle, mais ça paraissait gravé dans le marbre.

— Je vous paie le restaurant, dit-il. J'en connais un excellent en ville.

— Vous êtes drôlement gonflé, lui dit Mary sur un ton peu amène.

— Quoi, de vous inviter ?

— Vous savez très bien de quoi je veux parler ! Et je vous trouve gonflé !

— Certainement pas autant que ces assassins, lui répondit-il. Et puis l'idée que la victime soit atomisée dans sa voiture ne me plaisait pas du tout. J'ai agi en conséquence, et dans l'urgence. Tant pis si ce n'était pas dans notre contrat. Personne ne sait ce qu'il a pu advenir de ces truands, après tout.

Mary soupira.

— Bien, que reste-t-il à faire, à part aller déjeuner ? Elle se tut quelques secondes puis enchaîna

— Merci pour votre invitation, c'est sympa, vraiment. Mais vous ne cessez de me déconcerter, Gillan.

— Désolé, fit-il sobrement.

Avant qu'ils n'aillent se sustenter, chacun d'eux savait ce qu'il lui restait à faire. Gillan Renaud arrêta la 403 le long d'une avenue qui longeait la Moselle. Le lit et les berges de la rivière étaient en pleins travaux, car l'on œuvrait à sa canalisation jusqu'en Allemagne. Le lieutenant Jean-Pierre Fortin était sorti le premier de la voiture et s'était chargé des armes. Elles furent ficelées puis emballées dans les sacs de toile ayant contenu les billets de banque. Affectant une allure dégagée, il descendit sur les quais encombrés d'engins de chantier pour aller les jeter dans la rivière un peu plus loin. Mary avait jugé que ces armes ne serviraient jamais à établir une quelconque preuve à charge. À charge contre qui, d'ailleurs ? Les numéros des AK 47 avaient été soigneusement limés, et quant aux empreintes… Non, elle misait surtout sur les photos qu'elle avait prises et sur le film de Gillan pour identifier les criminels. Cinquante années après, ce serait bien suffisant pour des types pas loin d'être centenaires, s'ils avaient survécu, ce dont elle doutait fortement.

Et justement, à propos de photos, elle se dépêcha d'aller en faire développer quelques-unes chez un professionnel local. Bernie l'accompagnait, pour la guider, mais aussi pour convaincre le photographe de faire diligence. Gillan lui avait glissé quelques grosses coupures qui ne manqueraient pas de jouer un rôle persuasif, le cas échéant. De même, sa carte de police allait pouvoir servir dans cette aventure peu commune.

— Nous avons besoin de ces clichés pour les diffuser à la presse, Mary. Sans eux, je ne suis pas persuadé qu'une photo paraîtra jamais dans le journal, lui avait-il suggéré.

— Mais comment pouvez-vous en être si sûr ?

— Une intuition. L'onde de choc a dû faire bouger la 2 CV là-bas. Et je ne suis pas sûr qu'un journaliste soit autorisé à photographier la scène de si près, ni à la publier en première page du journal telle que vous l'avez vue à Amnéville. Alors je pense que c'est vous qui avez photographié la voiture telle qu'elle était après le casse. La photo à la une du *Républicain Lorrain* daté du 5 septembre 1961 ne peut être que de vous, Mary. Je suis prêt à le parier ! C'est pourquoi il est nécessaire que vous fassiez cette démarche. Nous irons ensuite déposer les photos à l'agence locale. Et n'oubliez pas de récupérer vos pellicules !

— Vous me prenez pour qui ? lui avait-elle répliqué en s'éloignant, piquée au vif. Quelque chose lui disait pourtant que Gillan n'avait sans doute pas tort. Le cliché qu'elle avait examiné quelques heures plus tôt semblait en effet avoir été pris hors la présence de tout secours, témoins ou policiers. C'est donc en tant que flic qu'elle irait déposer ces documents à l'agence du *Républicain Lorrain*, avec quelques explications succinctes. Ainsi la une du journal du 5 septembre 1961 serait assurée.

Gillan, quant à lui, était parvenu à regrouper la totalité des billets, presque tous usagés. Fortin et lui en avaient constitué des liasses compactes qu'ils firent tenir dans une seule mallette en plastique moulé et aux solides inserts métalliques qu'il avait pris soin d'emporter avec lui. Tant pis si la réalité historique allait devoir en pâtir.

Il laissa la voiture sous la surveillance du lieutenant qui, à lui seul, constituait le plus dissuasif de tous les systèmes antivol. Puis il se dirigea à pied vers l'agence du « Crédit Mutuel de Lorraine » qui se trouvait au centre-ville. Cette agence bancaire lui était en grande partie acquise et familière, car dépendante à plus de soixante-dix pour cent de la fameuse mais méconnue « Standard Colisée Bank ». Une institution bancaire, de tradition suisse, aux incroyables ressources, installée à Zürich, et dont il était depuis trois ans le propriétaire légitime, de par son héritage de l'homme d'affaires franco-américain Jim Warren, décédé en 1962 dans des circonstances dramatiques*.

Grâce à son téléphone portable, qui avait l'immense pouvoir de fonctionner quelle que soit l'époque - les satellites et l'univers espace-temps étaient décidément déconcertants - il s'était mis en devoir de contacter depuis la voiture le directeur du *Crédit Mutuel de Lorraine*. Ce dernier l'attendait, comme il attendait

* *Voir :* L'héritier du temps *du même auteur (en attente d'édition).*

aussi ses instructions, en bon employé zélé qu'il se devait d'être. Gillan avait toujours eu du mal à s'habituer au système, mais le secret bancaire suisse avait parfois du bon. Même s'il n'en était qu'à moitié persuadé, dans le cas présent, il jouait pleinement en sa faveur. Il lui suffisait d'avoir de simples bonnes raisons pour que l'argent, d'où qu'il provienne, rejoigne de bonnes intentions, et tout s'arrangeait sur le champ. À bien y réfléchir, c'était de bonne guerre.

La transaction fut assez facilement expédiée. Gillan Renaud fut accueilli discrètement au *CML*, comme d'habitude. Même s'il quitta près d'une heure plus tard l'agence bancaire, surtout à cause des explications qu'il s'était mis en devoir de fournir à son directeur, il avait la certitude que l'argent contenu dans la valise et déposé sur un compte secret aussitôt ouvert, serait distribué selon ses instructions. Il laissa au banquier le soin de s'occuper de toute la paperasse ainsi que du contenu de la précieuse valise. La confiance étant de mise, il s'était d'emblée dégagé de toutes autres formalités et signatures inutiles. À qui auraient-elles bien pu servir en cette époque qui n'était pas la sienne ?

Mary Lester et Gillan, en accord avec Bernie et le lieutenant Fortin, avaient décidé qu'une partie des cinq millions de nouveaux francs seraient destinée à accorder secrètement une rente à vie à la veuve et aux enfants du postier tué ce matin. Qu'une autre partie constituerait une réserve disponible pour d'autres victimes de tels crimes crapuleux. Ces derniers ne manqueraient hélas pas de survenir dans la région, l'histoire en attestait.

Après ces dernières formalités, ils se retrouvèrent tous les quatre au restaurant « Le Varan du Nil » qui, en ces années-là offrait un accueil et des menus dont la qualité faisait de l'établissement une référence culinaire connue et appréciée jusqu'en Allemagne et au Luxembourg. Ils y mangèrent d'assez bon appétit mais ne s'attardèrent pas outre mesure. Le drame auquel ils avaient assisté impuissants y était pour une large part. C'est ainsi qu'au terme d'une folle aventure, ils décidèrent d'un commun accord de regagner 2010.

Mary Lester prit encore de nombreuses photos à Thionville. Elle demanda même à quelques passants complaisants de bien vouloir prendre plusieurs instantanés du groupe. Ces clichés en noir et blanc ne manqueraient pas de captiver les nostalgiques des sixties, et d'en intriguer quelques-uns lorsqu'elle retournerait en Bretagne.

Comme pour l'aller, le retour au vingt et unième siècle se passa sans heurt, comme par magie. Après avoir actionné quelques touches sur le dispositif fixé au tableau de bord, Gillan les avait propulsés en 2010 sur une route qui les conduisait à Amnéville. Le temps avait changé, au propre comme au figuré. L'agréable soleil de septembre avait fait place aux nuages et aux giboulées de mars. Et puis, le soir tombait. Il faisait presque nuit lorsqu'ils arrivèrent au Snowhall. Ce fut avec soulagement qu'ils s'y installèrent à nouveau pour y prendre un café. Le spectacle des skieurs évoluant sur la piste acheva de les réconforter. Après avoir encore discuté ensemble un long moment, ils se séparèrent très chaleureusement à l'extérieur, se promettant de se tenir au courant, mais surtout de se revoir bientôt en Bretagne, car Gillan avait promis de rendre visite à ses parents au mois de mai, dans le Sud-Finistère. L'occasion était toute trouvée.

Mary Lester et Jean-Pierre Fortin s'installèrent dans la Mini et prirent la direction de leur hôtel, le St-Éloi, installé en pleine forêt, au cœur du complexe de loisirs. Gillan et Bernie montèrent dans la 403 et reprirent la route de Florange.

Moins d'une semaine après ces évènements extraordinaires, Gillan Renaud reçut un long mail de Mary Lester.

Dans celui-ci, elle lui expliquait ce que la police avait réussi à trouver d'intéressant, près de cinquante ans après les faits. Au travers des photos, du film et des indices concernant ce braquage sordide, plusieurs éléments jusqu'alors inconnus avaient refait surface. Il plongea aussitôt dans la lecture, impatient.

Bonjour Gillan,

Me voici en mesure de vous communiquer les résultats de l'enquête réouverte à propos de ce casse auquel nous avons assisté ensemble (je n'en reviens toujours pas…). Ils mettent en lumière des éléments troublants dont nous n'avions aucune idée avant cette expédition en 1961.

Les quatre individus ont pu être identifiés formellement. Tous les quatre fichés au grand banditisme, ils avaient effectivement disparu au début des années soixante avec bon nombre d'autres truands notoires d'ailleurs, ce qui explique en partie pourquoi la police n'avait jamais pu suivre la moindre piste réaliste quant à eux. Les règles du « milieu » étaient alors souvent impitoyables.

C'est donc grâce à ce voyage lorrain dans le passé que je puis vous dire aujourd'hui qu'Ange Pandovani, dit Angie le Lorrain ; Robert Arstein, plus connu sous le pseudonyme de Bob Sten à cause de l'usage intensif qu'il faisait de sa mitraillette de prédilection pendant la dernière guerre ; Ludovic Letailleur, plus communément appelé Vic dans le biais, allez savoir pourquoi ; ainsi que Germain Fernal, le chef de la bande, ancien collabo réputé cruel et implacable, étaient les membres du commando. Tout ce beau monde agissait pour le compte d'une organisation particulièrement malfaisante, activement traquée par toutes les polices d'Europe, dès 1952. Cette organisation s'était spécialisée peu après la guerre dans des attaques de banques ou de fourgons particulièrement violentes, comme nous avons pu le constater. Ces opérations visaient à financer l'implantation de cercles de jeu clandestins, de boîtes de nuit, et autres réseaux de prostitution, trafics de drogue. Elles servaient aussi à commanditer certaines manœuvres politiques visant à déstabiliser le pouvoir en place, en France et au-delà…

Si l'on considère que ces tristes individus avaient fait leurs premières armes dans la milice instaurée par le gouvernement de Vichy entre 1943 et 1945, on peut imaginer qu'ils en avaient gardé cette tendance marquée pour la castagne, le meurtre et autres exactions.

J'espère, Gillan, que ces quelques informations vous aideront lors de votre démarche auprès de votre grand-père, et que ce dernier y trouvera quelque apaisement. Sachez en outre que l'affaire a enfin été classée définitivement, avant la prescription d'usage qui est de cinquante années.

Je vous ferai parvenir très bientôt une copie de tous les clichés pris ce jour-là et vous restituerai votre film. Merci encore pour l'aventure et pour ce mythique Nikon F que vous avez eu la délicatesse de m'offrir. Merci pour tout.

Je serai très heureuse de vous revoir en Bretagne au mois de mai. Faites mes amitiés à votre ami Bernie. Fortin a bien hâte de le revoir.

À bientôt, Gillan.
Mary Lester

Gillan montrait à son grand-père Adam les photos des bandits qui avaient tué son ami postier. Il lui avait bien expliqué qui ils étaient et de quel genre de crapules il s'agissait. Qu'avec eux, son ami n'avait eu aucune chance, mais qu'ils avaient payé de leur vie, et le jour même, leur crime odieux. Qu'une bombe avait fait exploser leur voiture alors qu'ils tentaient de prendre la fuite, juste après le hold-up sanglant. Sans doute un règlement de comptes entre gangs rivaux.

— Mais Gillan, lui dit-il au bout d'un moment pendant lequel il s'était plongé dans l'observation attentive des clichés, comment as-tu pu savoir tout ça ? Et comment as-tu réussi à te procurer ces photos après si longtemps ?

— Et bien j'ai mené mon enquête, et c'est une personne, retraitée de la Police, qui a accepté de me fournir ces documents « top-secret », Papy. Elle m'a aussi parlé de l'affaire telle qu'elle s'était déroulée. Elle s'en souvenait parfaitement, parce que c'est elle qui avait reçu la déposition du seul témoin. Un photographe amateur qui avait assisté incidemment à toute la scène et réussi à prendre plusieurs clichés sans se faire voir.

— Ben ça alors, si j'avais pu imaginer un truc pareil… Mais alors, reprit le grand-père, pourquoi les journaux n'en ont rien dit, à l'époque ? Comment se fait-il que le surlendemain de l'attaque, il n'y en a plus eu un mot écrit nulle part. Comme s'il n'y avait pas eu d'enquête… Tu te rends compte, ce pauvre gars n'avait que trente-deux ans quand il s'est fait tuer. Pourquoi personne n'a réagi ?

— Il y a eu une enquête, Papy. Seulement, ça a été classé « secret défense » sur le moment. On ne sait plus trop bien pourquoi aujourd'hui.

— Ah oui ? fit le vieil homme. Eh bien moi, je pense savoir pourquoi, maintenant ! C'est parce que, tiens-toi bien Gillan, ces salopards de collabos avaient encore des protecteurs en ce temps-là ! Oui, ils continuaient d'être protégés par quelques nostalgiques de la France sous l'occupation. Par des revanchards du régime nazi et celui de Pétain. Ça ne peut être qu'un truc dans ce genre-là, sinon, tu peux me croire, ça aurait fait du bruit dans la presse, tu penses bien.

— Tu as sans doute raison, Papy, dit Gillan.

— Et comment que j'ai raison ! Ah les fumiers…

Mary à la côte

Par Georges Séguy

Quimper, Venelle du Pain Cuit, 18h30.

Après une journée harassante occupée à remplir les formulaires de statistiques à renvoyer au plus tôt au Ministère, Mary pousse la porte de son havre.

Un sympathique fumet s'échappe de la cuisine où Amandine semble régner en maîtresse-queux.

— Quel plaisir de rentrer chez soi et de se dire qu'on n'aura plus qu'à mettre les pieds sous la table. De plus quelle bonne odeur! Pas habituelle, mais bien agréable.

— C'est gentil ce que vous me dites, Mary. Mais une partie du mérite revient à M. Failler.

— Ah bon?

— Oui, il est venu vous rendre visite en fin de matinée. Mais comme cette fois encore vous n'étiez pas là, nous avons fait un brin de causette! Il voulait vous entretenir d'un passage de son dernier roman.

— Je comprends mieux ce joli bouquet de fleurs.

— Oh! Il n'a pas apporté que ça! Il m'a confié un agenda rempli de recettes de cuisine, offert par un admirateur niçois.

— D'où cette bonne odeur?

— C'est pour nous mettre dans l'ambiance.

— Qu'est-ce à dire?

— Soyez gentille, Mary. Jouez-moi un petit air au piano, puis préparez-nous l'apéritif, que je puisse finir tranquillement ma préparation.

— Ça, vous êtes bien cachottière, Amandine…

20 h 30
— Dites donc, Amandine, mais c'est un vrai régal ce que vous m'avez servi !
— J'ai bien suivi la recette de « l'estocaficada », celle de l'agenda.
— De quoi ?
— C'est un plat niçois, à base d'églefin, de tomates, de pommes de terre, de poivrons, de fines herbes, sans oublier l'huile d'olive.
— Et à quoi devons-nous ce dépaysement culinaire ?
— Je n'osais pas vous en parler, Mary… et puis l'agenda confié par M. Failler m'a décidée. J'ai participé au grand concours organisé par *Télégwest*… et j'ai gagné un petit séjour sur la Côte d'Azur pour les « Fêtes du Citron » à Menton. Pour deux personnes…

Ce soir-là, assoupie sur son canapé, caressant Mizdu venu se blottir contre elle, Mary se demandait si elle allait donner suite à l'extravagante proposition d'Amandine. Un week-end prolongé sur la Côte d'Azur ! Ah ! Si au moins ç'avait été avec Lilian ! Et puis qu'en penserait le commissaire Fabien ? Se poser ainsi la question, c'était déjà – ou presque – avoir répondu favorablement à Amandine.

Quelques jours plus tard…
— Surtout, n'allez pas croire que j'ai cédé pour vous faire plaisir, Amandine ! Non ! Ma nouvelle voiture a besoin de rouler, moi j'ai besoin de changer

d'air, Lilian est en déplacement en Suède et vous vous aviez besoin d'un chaperon ! Chacun y trouve donc son compte !

Après un voyage sans encombres (de 1 200 km quand même !) les deux touristes se retrouvent sur la Côte d'Azur.

— Mary ! Je crois rêver ! Ils ne se sont pas moqués de nous à « Télégwest » ! Vue mer, en fond les montagnes enneigées… et ce soleil ! À voir la plage, j'irais presque me baigner.

— Oui, mais restons calmes ! Quand même, loger à Antibes pour des fêtes à Menton, fallait le trouver ! Ça va nous en faire des déplacements ! Pourvu que nous n'ayons pas d'embouteillages…

Mais malgré ce vœu pieux, malgré l'aide du GPS, ce ne fut pas facile de rejoindre Menton.

Heureusement, elles purent profiter du paysage en empruntant l'itinéraire « bis ». La Grande Corniche leur permit d'admirer, vu d'en haut, le Cap Ferrat et la rade de Villefranche sur Mer.

Par une petite route à la pente très prononcée, elles arrivèrent à Èze, village perché, aux ruelles escarpées. Avec, au sommet du piton, un minuscule cimetière, où est enterré Francis Blanche. De là, par la Moyenne Corniche surplombant la Principauté de Monaco, elles rejoignirent Menton, non sans avoir fait le tour du Cap Martin.

Elles y arrivèrent tout juste pour déjeuner !

— Pour la visite, super ! Les jardins du Casino avec tous ces édifices construits en oranges, citrons ou pamplemousses… extraordinaires. Et à l'intérieur cette exposition d'orchidées! Magnifique. Quelle patience!

— À propos de patience, il va nous en falloir pour rentrer sur Antibes... Quand je pense que nous avons mis deux heures et demie pour venir ce matin!

— Oui, mais les paysages étaient splendides. Et ce soleil...

— Aveuglant! Et l'on devrait revenir demain pour le Corso?

— Oh! Mary, ne soyez pas négative, nous en avons bien profité.

— D'accord, mais vous n'étiez pas au volant! Je me vois mal me « retaper » plus de deux heures de route pour faire 50 km!

— Eh bien! Téléphonez donc au contact que vous a donné M. Failler. Il doit bien connaître des *ribin* puisqu'il est du coin!

— On pourrait presque vous surnommer « réponse à tout » Amandine! Vous vous lâchez complètement en voyage!

Le soir même, Mary appela Georges, le susdit contact!

— Heureux de vous entendre. Jean m'avait prévenu d'un éventuel SOS de votre part.

— ...

— Comme je vous comprends! Circuler en voiture en cette période, c'est presque aussi compliqué que de se déplacer dans Quimper pendant les Fêtes de Cornouaille!

— ...

— Mais j'ai une solution à vous proposer: le train. Départ gare d'Antibes, facile de stationner.

Arrivée gare de Menton, avec un trajet en bord de mer pour lequel je vous conseille de ne pas oublier votre appareil-photo. Et si cela vous convient, en fin d'après-midi, au retour, arrêtez-vous en gare de Nice. Je dois retrouver dans ce quartier des amis canadiens de passage avec un groupe d'étudiants. Je me ferai un plaisir de vous faire un peu découvrir ma ville.

— Ce n'est pas de refus. En plus j'aurai l'impression de me reposer en me laissant guider! Merci, Georges! Échangeons nos numéros de portable ce sera plus pratique!

Rendez-vous fut pris. Et la rencontre eut lieu!

Au beau milieu des présentations:

— Ma femme Élisa, nos amis canadiens, Anne et Lionel.

— Mary Lester, Amandine Trépon, bretonnes en vacances.

Une étudiante vint, angoissée et malgré tout assez excitée, s'adresser à Lionel, avec cet accent impayable!

— Monsieur, avec Kimberly, nous pensons avoir reconnu l'individu qui rôdait autour de nos bagages dans le train de Vintimille. Nous soupçonnons que c'est lui qui a volé nos iPod et nos porte-monnaie.

— Mais que voulez-vous que je fasse ? répondit Lionel. Vous me voyez aller trouver la police? Le temps que je revienne avec un agent – si jamais j'arrive à en convaincre un – il sera loin votre suspect!

Et c'est là que Mary redevint le Capitaine Lester! Toujours l'oreille aux aguets et la décision rapide!

— Pouvez-vous me le montrer votre suspect?

— Là, dans cette brasserie, assis près du mur!

— Êtes-vous bien sûres de l'avoir reconnu?

— Oh! oui, « yo po photo » (en canadien dans le texte).

— Bon, laissez-moi faire! Demandez seulement à vos boys musclés de ne pas s'éloigner.

— Ça, ils sont tous membres de l'équipe de football américain de Sudbury ! précisa Lionel.

Mary la roublarde donna ses consignes:

— Amandine, prenez mon iPod, posez-le négligemment sur ton sac laissé ouvert et vas t'asseoir près du suspect. Commande un café ou un soda et pose ton sac sur le fauteuil à côté de toi. Vous les costauds canadiens, soyez attentifs à mes directives car il faudra faire vite.

Et le piège, grossier, fonctionna. Se levant, le suspect trébucha et renversa le sac d'Amandine. S'excusant, il le ramassa et s'éloigna rapidement. Enfin, s'éloigna... pas trop! Entouré qu'il fut par la belle équipe de footballeurs canadiens! Heureusement, Mary, l'œil vif et le geste rapide, intercepta un jeune homme qui voulait se faire oublier et le ramena dans le « paquet »! Petite altercation. Cris, menaces... Tout ce vacarme finit par attirer une patrouille vélocipédique. La carte de police de Mary, ses explications et l'iPod retrouvé dans la poche du jeune homme, finirent par convaincre les « forces de police » qui emmenèrent les deux suspects au Poste pour vérifications...

Pour les touristes la soirée se termina par une visite du Vieux Nice puis une montée au Château d'où la vue sur la Baie des Anges est assez exceptionnelle! Puis Georges et Élisa raccompagnèrent Amandine et Mary à leur hôtel antibois.

Malgré tout, Mary dut se présenter le lendemain au commissariat central où Georges se fit un plaisir de la conduire. Elle y retrouva les Canadiens. Les vérifications avaient été rapidement menées, car le lieutenant chargé de l'affaire, un certain Jean-Claude Allain, récemment arrivé du Finistère, connaissait de réputation le Capitaine Lester. Et se fit un devoir de faire diligence ! Il n'y a pas de hasard !

Résultat ? Mary fut félicitée car grâce à son astuce, la police niçoise put très vite découvrir dans une cave du quartier de l'Ariane, la cache de cette petite bande organisée.

Avec Amandine, il ne lui resta que peu de temps pour visiter la colline de Cimiez et goûter aux spécialités autres que l'estocaficada ! Mais suffisamment quand même pour faire quelques emplettes… et avoir envie de revenir ! Leur retour se fit sans problème et en toute tranquillité. Georges leur trouva la solution : le train ! De Saint-Raphaël à Nantes en couchettes pour elles. Et en wagon spécial pour la voiture !

Quelque temps après un courriel d'Anne a même prévenu Georges que les iPod et porte-monnaie (hélas vides !) avaient été restitués aux Canadiens !

Salsa pour Mary Lester

Par Riego

Je prenais des vacances en Floride avec Lilian. Il avait dégoté un gros contrat pour construire ses maisons sur des palmiers. C'étaient des maisons bêtes, ces arbres n'ayant qu'un tronc cylindrique qui ne permet aucune fantaisie, mais même avec un taux de change défavorable, les dollars sont les dollars. Quant à moi… au fond j'étais peut-être en train de lui faire mon cadeau d'adieu, avant de tourner la page. En contrepoint à ma vie professionnelle aventureuse, j'aspirais à une vie sentimentale plus régulière, disons même, sans honte, domestique. Pas à un compagnon qui était tout le temps par monts et par vaux à assembler des bouts de bois.

Je me prélassais sur le bord de la piscine du pavillon que nous louions quand j'ai vu avec effarement tout un cortège s'arrêter devant chez nous : deux énormes limousines banalisées encadrées par six motards casqués et armés. Deux hommes et une femme descendirent des véhicules, franchirent la grille d'entrée et se dirigèrent directement vers moi.

— Hello, Mary, me dit l'homme le plus grand, dans un français moins qu'approximatif et un accent épouvantable, en triturant ma main dans sa paluche.

— My name is Jeb. Appelez-moi Jeb. Uni si je ne suis non longuement le gouverneur, je suis le boss ici en Floride. Joignez le docteur Escarpolette et l'agent White de la Centrale Intelligente Agence. Vous connaissez la certainement. Ils sont aptes à discuter commerce avec vous. Venant maintenant sur ils seront votre unique contact. Plaisez excuser moi, je suis un très occupé homme. Ayez un bon séjour.

Et il partit en m'écrasant de nouveau la main, s'engouffra dans la limousine de tête et partit encadré pas ses motards. J'étais à moitié éberluée : si ce mec était qui je pensais qu'il était, pourquoi venait-il perturber mes vacances si chèrement gagnées ? Soudain je compris que le galimatias qu'il avait prononcé n'était que de l'anglais traduit mot après mot à l'aide d'un dictionnaire, en prenant à chaque fois la mauvaise acception des termes. Le plus étonnant était qu'il avait appris cela par cœur.

Heureusement la célèbre légiste Escarpolette daigna être plus claire, parlant en bon anglais d'Amérique :

— Jeb a fait un grand effort pour vous saluer en votre langue ! C'est tout à fait inhabituel chez nous aux States. Ceci démontre en quelle estime il vous tient. Son copain Schwarzy lui a parlé de votre collaboration avec la police de L.A. Cela lui a suffi, et nous suffit à l'agent White et à moi, pour vous accorder la qualification de confidentialité nécessaire pour traiter de l'affaire qui nous amène.

J'eus une pensée émue pour mes amis Jean-Claude et Alain. J'allais enfin savoir ce que ces olibrius faisaient chez moi –si l'on peut qualifier le docteur Escarpolette d'olibrius, ce qu'elle certainement n'est pas.

— Il y a quatre jours, on a trouvé, échoué sur une plage du sud de la Floride, un Zodiac à moteur contenant un cadavre de sexe masculin, 1 mètre 69, poids 62 kg, âgé d'environ 43 ans, mauvaise dentition, vraisemblablement octavon. À juger par ses traits faciaux réguliers, son arrière-grand-mère devait être une des célèbres minas, ces belles femmes sveltes au corps splendide originaires du Kenya, qui étaient les compagnes préférées des riches hacendados. Il avait succombé par ingestion d'un mélange complexe de toxiques animaux et végétaux dont se servent les sorciers vaudous pour causer une mort à retardement. Le taux d'alcoolémie était très élevé. Il ne portait aucune pièce d'identité. La police locale a pensé qu'il s'agissait d'un Cubain qui avait essayé de rejoindre notre pays mais qui était mort en chemin.

— Pourquoi avoir pensé à un Cubain ? demandai-je.

— Parce qu'il portait dans sa poche de poitrine plusieurs cigares *Romeo y Julieta*. Dans le cadre de l'embargo, l'introduction de ce produit aux États-Unis est strictement interdite. Autre détail, sa montre était un ancien modèle soviétique. La C.I.A. fut informée aussitôt et on me fit venir pour procéder à une autopsie aussi complète que possible.

— La C.I.A. a la priorité sur le F.B.I., l'agent White se décida enfin à parler, en tout ce qui concerne Cuba.

— Au cours de l'autopsie, poursuivit la célèbre légiste, j'ai fait une découverte intéressante. Derrière le lobe de l'oreille droite j'ai trouvé deux œufs de *culicoides imicola*, un diptère cératopogonidé suceur de sang, endémique du Moyen-Orient et qui n'a jamais été signalé du continent américain. Nous en avons nos propres variétés.

— Ceci fit chez nous l'effet d'une bombe, rajouta White. J.F.K. établit l'embargo dans le but de faire périr par la faim ces salauds de cocos cubains, mais ceux-ci se sont débrouillés pour survivre, nous ne savons pas trop comment. Nous pensons que cette bestiole pourrait avoir accompagné un lot de nourriture asiatique, sur laquelle nous ignorons tout. Si une telle filière existe, il est capital pour nous de la faire cesser. C'est dans ce but que nous faisons appel à vous.

— Mais pourquoi moi ? Vous ne manquez pas de personnel à Washington.

— Notre nouveau Président a interdit formellement à notre Agence d'intervenir, il prétend que nous avons fait déjà trop de conneries. Jeb est prêt à nous donner un coup de main, mais ses hommes parlent l'espagnol avec l'accent de Trini Lopez chantant *Waheera wantenamerah*, ils se feraient repérer en moins de deux. Sachant que vous étiez là et la France ayant réintégré l'OTAN, nous avons pensé à vous.

Faire périr de faim les Cubains, je n'étais pas prête à en être complice. Mais une fois en possession de l'information recherchée, j'étais maîtresse d'en faire ce que je voudrais. Je pourrais servir n'importe quel bobard inoffensif à l'agent White. Et quelle flamboyante façon de dire adieu à Lilian, sur ordre du gouvernement des États-Unis ! Il ne pourrait que s'y plier. Je décidai donc de dire oui, avec des réserves *in petto*.

Le lendemain ce fut une armoire à glace qui se présenta chez nous.

— Hello, dit-il. On m'appelle Poignard. Je travaille pour l'ESESLM, les Explorateurs Sur Et Sous La Mer. Nous sommes chargés de vous véhiculer entre la Floride et Cuba, aller et retour.

— Vous pensez m'infiltrer à partir de Guantánamo, Poignard ? m'enquis-je.

— Impossible ! Par terre, nous avons posé un champ de mines sur une profondeur de deux kilomètres pour empêcher les Cubains de nous envahir. Et autour, les Cubains et les Soviétiques ont posé un champ de mines sur deux kilomètres de profondeur pour nous empêcher de les envahir. Quant à la mer, elle est tellement surveillée, que même les requins et les tarpons ont appris à ne pas croiser au large.

Nous vous fournirons une copie conforme de votre passeport dépourvue du visa d'entrée chez nous, mais sur laquelle nous apposerons un visa touristique apparemment délivré par leur ambassade à Paris et un tampon d'arrivée de la douane de l'aéroport de La Havane. Nous vous donnerons un billet parfaitement valable pour le vol retour, quelques cartes postales cubaines vierges, un gros paquet de pesos qui ne valent pas grand-chose et un petit paquet de dollars qui vous sera bien plus utile. Vous pourrez montrer ça à tout le monde, vous passerez pour une touriste française venue goûter, à prix réduit, au charme des plages tropicales et à la sensualité de la musique salsa.

C'est donc ESESLM qui assurera le passage. Notre navire de recherche océanique se rapprochera des côtes tout en restant dans les eaux internationales. Un sous-marin de poche parfaitement silencieux vous déposera la nuit sur la plage Marina Hemingway et viendra vous chercher au même endroit quand nous recevrons votre signal émis par ce téléphone portable convenablement modifié que je vous remets.

Une fois là-bas, vous serez livrée à vos seuls moyens. Nous pensons que c'est autour du port que vous devrez centrer vos recherches : ce n'est que par voie maritime que des quantités de nourriture significatives peuvent être livrées. Certaines marchandises échappant à l'embargo, les vivres doivent arriver mélangés avec elles, mais nous ignorons comment cela est réalisé.

Débarquée par le sous-marin de poche du ESESLM sur cette plage située presque en plein centre-ville, je passai le reste de la nuit cachée dans la cour d'un pâté de vieilles maisons. Au lever du jour j'avançai jusqu'à la rue et marchai, en faisant semblant d'admirer les façades colorées des immeubles, jusqu'à l'hôtel qui m'avait été désigné. J'y pris une chambre puis je flânai dans la ville admirant les restes de l'architecture coloniale — non, je ne vais pas vous faire subir un ersatz de guide touristique — et finis par me rapprocher du port. Un cargo battant pavillon libanais déchargeait d'énormes grumes de cèdre. Tiens, pour une fois Lilian s'avérait utile, il m'avait appris à reconnaître les principales essences de bois. Mais que pouvaient bien faire les Cubains d'une telle quantité de ce bois si cher ? J'en eus l'explication le soir même, sur la véranda de l'hôtel après le dîner. Un Cubain extirpa un cigare, bien enveloppé dans une mince couche de bois, d'un tube en alu muni d'un bouchon vissant. Mais bien sûr, voilà à quoi servait le bois de cèdre, à garder aux cigares leur humidité tout en éloignant les moisissures, dans leur boîte ou leur tube individuel. La quantité débarquée me semblait toutefois disproportionnée. Il fallait que j'aille étudier ces troncs d'arbre de plus près.

Ni une ni deux, je m'habillai de noir et m'équipai du sac à dos fourni par la ESESLM. Dès que l'obscurité se fit complète, je me dirigeai à petites étapes vers le fond du port puis, guidée par l'odeur, jusqu'au hangar à proximité de San Isidro où s'accumulaient les grumes de cèdre qui avaient été déchargées tantôt.

La lumière de ma mini torche me fit découvrir un fin trait de scie à quelques centimètres du bout des grumes. On aurait dit qu'elles étaient munies d'un bouchon semblable à celui des bouteilles de spiritueux. Sortant un couteau suisse de mon sac à dos, j'attaquai le trait de scie et réussis à détacher ce qui s'avéra être réellement un gros bouchon. Le tronc était creux et bourré de sacs bien remplis faits d'un tissu très serré! Je parvins à découdre quelques centimètres de la couture du premier sac et reçus dans ma main un échantillon du contenu. Des grains, cela me rappelait quelque chose. J'y goûtai du bout de la langue. Pas de doute, c'était du boulgour, pas de premier choix, mais mangeable. Voilà donc la source cachée de la nourriture des cubains!

Ce fut à ce moment-là que les lumières du hangar s'allumèrent. Me retournant, je vis un homme âgé mais apparemment robuste, vêtu d'un uniforme constellé de décorations, il devait être au moins général, et derrière lui, sept militaires équipés de kalachnikovs du modèle ancien. Qu'ils portaient suspendus à l'épaule, sans me viser. Je jouissais donc de quelques instants de répit. Ils avaient enfilé des charentaises par-dessus leurs bottes, voilà pourquoi je ne les avais pas entendus arriver. Le général présumé prit la parole, en français avec un fort accent espagnol :

— Bravo, señorita Lester, vous avez résolu l'énigme du boulgour. Vous êtes à la hauteur de votre réputation. Je m'appelle Raul et je suis très heureux de faire votre connaissance.

Il fallait que je gagne du temps :

— Il me semble évident que vous connaissiez à l'avance mon arrivée et ma mission.

— Bien sûr, señorita. Nous savons presque tout ce qui se trame à Washington. Nous y avons planté, en tant qu'agents de surface, des espions cubains munis de faux passeports mexicains. Les Yankis les prennent pour des Mexicos régulièrement immigrés et ne s'en défient pas. C'est fou ce que l'on retrouve dans les corbeilles à papiers des administrations américaines.

— Ils apparaissaient tellement sûrs d'eux, en Floride ! J'avais d'ailleurs des raisons personnelles pour faire semblant d'accepter leur mission. Mais sans aucune intention de la remplir, je vous le jure.

— Cela n'a aucune importance, señorita.

— Qu'avez-vous l'intention de faire de moi ?

— C'est un peu tard pour vous offrir un café, cela vous empêcherait de dormir. Mais mon grand frère tient à vous rencontrer. Son état de santé ne lui permet pas de venir jusqu'ici, c'est pourquoi je vous demanderai de bien vouloir nous accompagner jusqu'à chez lui.

Cette politesse n'était pas du meilleur augure, elle cachait peut-être un sadisme raffiné.

Mais que pouvais-je faire d'autre que de jouer leur jeu ?

— Très bien, général. Je suis à votre disposition.

Il me fit monter avec lui dans une vénérable Chevrolet Impala soigneusement retapée mais qui devait dater de l'époque Batista. Ses sbires se tassèrent dans un modèle identique et nous prîmes le chemin du Palais Présidentiel.

Nous montâmes jusqu'à l'étage, bien gardé, des

appartements privés. Devant une porte, le général s'arrêta :

— Ne vous étonnez pas de trouver mon frère réveillé, il dort de moins en moins la nuit. Moi, par contre, je vais vous quitter, je tombe de sommeil. Excusez-moi et bonne nuit, señorita Lester.

Je poussai la porte et pénétrai dans une vaste pièce, superbement meublée et décorée, j'y comptai au moins deux Picassos accrochés aux murs. Le vieil homme était assis dans son lit, appuyé à un tas d'oreillers. Il était émacié et son teint était un peu terreux mais sa barbe était soignée et ses yeux pétillaient.

— Bonsoir, señorita Lester. Lui aussi parlait un assez bon français. Je suis extrêmement heureux de faire votre connaissance. Voyez-vous, depuis que je n'ai plus la force de débiter des discours qui durent sept heures et plus, j'occupe mes loisirs à lire des histoires policières. Il se fait qu'un couple de touristes français a oublié dans sa chambre d'hôtel, en partant, l'un des volumes des chroniques de vos exploits, Bouboule est mort, il s'appelle. L'hôtelier me l'a fait parvenir. Je l'ai lu et j'en ai commandé d'autres. C'est ainsi que je sais qui vous êtes.

— Líder Máximo, parvins-je à balbutier, je me sens infiniment honorée et touchée… Mais j'aimerais bien savoir quelle est ma condition, invitée ou prisonnière ?

— Invitée, voyons ! On nous traite de communistes, mais nous sommes des gens civilisés. Ce sont d'ailleurs les Américains qui nous ont poussés dans les bras de Soviétiques. Ils ont réagi comme ils en ont l'habitude, avec la plus extrême brutalité, à tout ce qu'ils considèrent une atteinte à leurs intérêts ou à leurs personnes. Juste parce que nous avions fermé les bordels où eux, si prudes chez eux, venaient dépenser leurs dollars. Si au lieu de nous étouffer économiquement et de cautionner une ridicule tentative d'invasion, ils s'étaient attablés avec nous autour de quelques mojitos, Cuba serait maintenant une démocratie plutôt aboutie et nous serions tous plus heureux dans cette partie du monde. Señorita Lester, vous rentrerez sans opposition aucune en France ou chez les Yankis, à votre choix. Je vous demanderai seulement, à titre personnel, de nous rendre un petit service avant de partir.

Je n'étais pas là pour discuter des torts ou des raisons de la politique étrangère des États-Unis, l'essentiel était de sortir au plus vite du guêpier où je me trouvais.

— Dites-moi donc, Líder Máximo, ce que vous attendez de moi.

— Tout simplement qu'on vous reconduise à votre hôtel pour que vous finissiez la nuit puis que demain matin, à 10 heures, vous rencontriez le chef de la police de La Havane pour l'aider à résoudre la question du balsero mort. Bouclez-nous donc cette affaire.

Si ce n'était que ça, c'était dans mes cordes et je me tirais à bon compte. J'approuvai donc avec enthousiasme et pris congé du vieil homme. Un planton me raccompagna jusqu'en bas puis l'Impala jusqu'à mon hôtel.

Le lendemain, un vieux taxi rouillé me conduisit à la direction de la police nationale. Le comandante Jacinto Cárdenas ne me fit pas attendre et m'accueillit chaleureusement.

— Señorita Lester, vous nous êtes envoyée par le Grand Homme lui-même, vous êtes la bienvenue. Nous connaissons presque tout de l'affaire du balsero. C'était un employé aux écritures dans les services de Douane du port de commerce.

— Excusez-moi de vous interrompre, comandante, dis-je. S'il n'était qu'employé aux écritures, comment était-il en possession d'un tas de cigares *Romeo y Julieta*? C'est plutôt du haut de gamme, si je ne me trompe.

— Vous ne vous trompez pas. Voyez-vous, l'administration cubaine n'est pas riche, alors certains fonctionnaires acceptent qu'une partie de leur paie leur soit versée en cigares, puisés dans les surplus non exportés. C'est le cas des anciens qui veulent retrouver un vieux plaisir ou des jeunes qui cherchent à se faire des amis ou des amies en leur offrant du très bon tabac. Ce devait être d'ailleurs le cas de notre homme, qui voletait de fille en fille, tout en se gardant une poire pour la soif en la personne d'une certaine Engracia, vers laquelle il revenait régulièrement. Elle est femme de ménage au Consulat de France, elle y a appris des rudiments de français, de quoi se considérer supérieure aux autres filles. Voyez-vous, nous savons tout de notre homme, sauf comment et pourquoi il est mort. C'est là que vous pouvez nous être utile, en soutirant des informations à cette femme. Avec pas mal de rhum dans le corps, elle ne se méfiera pas d'une touriste étrangère. Alors qu'elle est capable de détecter un policier à un kilomètre de distance et elle se referme alors comme une huître perlière face à une étoile de mer. Vous la trouverez sans doute ce soir, à partir de 8 heures, au bar de

La Paloma, au bout du Malecón. Arrivez en vélo-taxi et faites un tour avant d'y entrer, comme une vraie touriste un peu perdue. N'hésitez pas à lui offrir à boire. Puis revenez me voir.

Je pris un car jusqu'à la belle plage de *Santa María del Mar* où je me comportai en parfaite touriste et me dorai au soleil. La langouste fraîchement pêchée était excellente, et la sauce à la papaye remplaçait sans rougir la mayonnaise. Puis je rentrai à La Havane et, le soir venu, je suivis à la lettre les instructions du comandante. Le local *La Paloma* était loin d'être plein. Les quelques tables occupées l'étaient soit par des femmes mûres et seules, soit par des couples fort occupés à se bécoter. Les hommes seuls hantaient sans doute d'autres bars, davantage fréquentés par les jeunesses. Un CD de Compay Segundo couvrait le murmure des conversations. Dans un régime dictatorial, seuls parlent à haute voix en public les ivrognes et les membres du parti unique. Comment savoir quelle était ma cible ? J'élevai la voix :

— S'il vous plaît, quelqu'un parle français ici ?

Une femme à la trentaine bien avancée, au visage encore avenant mais plutôt corpulente, leva ses yeux sur moi et fit un signe. Ce devait être mon Engracia. Un verre de rhum à moitié vide était posé devant elle. Je m'avançai vers elle.

— Vous me sauvez la vie ! Vous permettez que je m'assoie à votre table ? Je suis perdue, je cherche la salle de bal *El Danzón* depuis un bout de temps et ne la trouve pas.

— Normal, elle est à quatre kilomètres de distance, dans la vieille ville ! sa voix était un peu pâteuse. Et pas facile d'y aller d'ici.

— Alors ce n'est pas la peine que j'essaye d'y aller ce soir ! Me permettez-vous de vous offrir quelque chose à boire ? J'ai soif, moi aussi.

Ainsi, de petit verre en petit verre de rhum, alors que je touchais à peine à ma piña colada, je l'amenai à l'état propice aux confidences.

— Les hommes sont tous des salauds, ne leur fais jamais confiance, ma fille. J'en avais un, il était beau, le salaud, j'en étais folle… mais il y avait plein d'autres filles qui étaient aussi folles de lui, et lui se laissait aller. Mais il me revenait toujours, tu comprends ? Alors je lui pardonnais… jusqu'au jour où j'ai compris que je n'étais plus rien pour lui.

— C'est dur de n'avoir qu'un petit verre pour se consoler ! Mais comment peut-on quitter une femme comme toi ?

— Il en avait assez de végéter ici, il voulait partir pour Miami. J'ai quelque chose à leur vendre, qu'il me disait. Alors un après-midi il m'a dit, ça y est, j'ai la clé d'un hangar où est entreposé un bateau pneumatique avec un moteur. Cette nuit je me tire. Emmène-moi, je lui dis. Non, m'a-t-il dit, la traversée est trop dangereuse, une fois que je serai établi là-bas je te ferai venir en passant par l'Espagne. J'ai bien senti qu'il me mentait et qu'il ne voulait plus de moi. Alors j'ai pris la bouteille de rhum que je tenais d'une prêtresse vaudou et lui ai dit : Tiens, de quoi te réchauffer pendant la traversée. Ha, ha. Ça a dû le réchauffer pendant un moment. Et puis il a dû glisser au fond du bateau, froid et raide comme un morceau de morue salée. Il ne baisera plus aucune autre gonzesse.

Elle finit son verre et s'écroula sur la table. Un ronflement s'échappa de sa bouche ouverte. Je réglai les consommations et pris un autre vélo-taxi. J'essayai l'hôtel de police. Le comandante y était toujours, je me demandai quand dormaient les officiels dans ce pays. Je lui reproduisis le récit d'Engracia.

— Ah, encore un drame passionnel! Ainsi périssent des citoyens fidèles et des traîtres à leur pays, le petit Dieu de l'amour les traite pareillement. Merci, Mademoiselle, vous avez fait du bon travail dans un temps record. Je pense que notre Líder aimerait entendre votre histoire.

Je me retrouvai donc en présence du vieil homme dans son lit. Il écouta mon récit avec attention.

— C'est bien, capitaine Lester, car vous êtes capitaine en votre pays, n'est-ce pas? Voilà une histoire bouclée. J'aime les dossiers bien bouclés, même quand leur sujet est insignifiant. Nous avons un proverbe qui dit « Il ne faut pas laisser traîner les bouts des lacets de vos chaussures », vous pouvez vous prendre les pieds dedans et choir. J'ai donc une dette envers vous.

— C'est moi qui ai une dette envers vous, Líder Máximo, vous m'avez traité mieux que je n'avais mérité. Que dois-je faire du secret des troncs d'arbre remplis de boulgour?

— Ah oui, nous avons un accord secret avec la Syrie. Nous ne consommons pas tout ce bois de cèdre, en fait ces troncs creux font la navette, ils arrivent pleins de boulgour que nous mangeons et repartent pleins de sucre de canne qu'ils mettent dans leur thé à la menthe.

— Il ne fait donc pas que j'en parle aux gens de la C.I.A.

— Au contraire, je vous demande instamment de leur en parler, ils vous couvriront de fleurs et s'occuperont de mettre fin à ce trafic. Voyez-vous, chère señorita Lester, après toutes ces années nous commençons à en avoir marre du boulgour, ses possibilités culinaires sont limitées. Mais le contrat prévoit le versement d'indemnités en cas de rupture unilatérale. Si ce sont les Syriens qui y mettent fin sous la pression des Yankis, ce sont eux qui devront nous verser ces indemnités. Alors même que mon frère est en train de conclure un contrat avec la Lybie pour la fourniture de semoule à couscous. Non seulement nous pourrons nous passer de cette encombrante navette de troncs creux, mais la semoule est un aliment ouvert. On peut confectionner des couscous avec tout, légumes seuls, merguez, boulettes, poisson! Même, le jour anniversaire de la Revolución, un couscous à la langouste de Cuba! L'avenir nous sourit. Enfin, à quelques-unes.

Et c'est ainsi que, revenue en Floride par les bons soins du ESESLM, j'y devins une héroïne nationale. L'espace de deux jours. Ensuite, il y eut dans l'Utah les événements que vous savez et plus personne ne s'occupa de moi. Juste ce qu'il me fallait!

Dans la collection :
Les Enquêtes de Mary Lester

n°1
LES BRUINES DE LANESTER

Un clochard noyé dans le Scorff, la disparition d'un directeur de société, des loubards qui cambriolent, c'est de la routine pour le capitaine Amédéo. Mais Mary Lester entrevoit des crimes là où d'autres ne voient que des accidents.

n°2
LES DIAMANTS DE L'ARCHIDUC

Un curieux personnage qui parle d'un hold-up dans une bijouterie avec une prise d'otages, cela arrive. Mais quand Mary Lester, inspecteur stagiaire nommée à Quimper, s'en mêle, rien n'est jamais banal !

n°3
LA MORT AU BORD DE L'ÉTANG

Cette fois, Mary Lester enquête sur la mort d'un chasseur en pays bigouden. Il y a des témoins dignes de foi, des notables qui ont assisté au drame...Un fusil qui explose, ça arrive... Mais après tout, cet accident n'est peut-être pas aussi accidentel qu'il le paraît.

n°4
MARÉE BLANCHE

Comme il y a pénurie d'inspecteurs au commissariat de Concarneau, Mary Lester y est détachée pour enquêter sur la mort d'un jeune homme. Oh, rien de bien mystérieux, vraisemblablement un règlement de comptes entre marginaux...

Dans la collection :
Les Enquêtes de Mary Lester

n°5

LE MANOIR ÉCARLATE

Mary Lester enquête sur la mort violente d'un conférencier au château de Trévarez en centre-Finistère. Crime rituel ? La mise en scène du cadavre pourrait le laisser croire, mais une seconde mort vient endeuiller l'assemblée des écrivains qui y font salon. Serait-ce un esprit qui tue impitoyablement au *Manoir écarlate* ?

n°6

BOUCAILLE SUR DOUARNENEZ

Quand, en hiver, on découvre dans une mansarde de Douarnenez une personne âgée morte de froid, personne ne s'en étonne. Mais quand ladite mansarde contient quatre cadavres de vieillards victimes des basses températures, on peut s'interroger sur les véritables raisons de ces décès.

n°7

L'HOMME AUX DOIGTS BLEUS

Mary Lester est en vacances à La Baule... Mais ce sont des vacances un peu particulières : un patron de la police nantaise a demandé « quelqu'un qui ne fasse pas trop flic » pour s'infiltrer dans le monde particulier d'un golf privé dans lequel se passeraient des trafics peu catholiques.

n°8

LA CITÉ DES DOGUES

Mary Lester a été détachée à Saint-Malo pour enquêter sur la mort de la jeune et jolie femme du notaire et Mary sent qu'elle n'est pas la bienvenue sur cette affaire. D'autant plus qu'elle va devoir se frotter aux terribles dogues de Saint-Malo...

Dans la collection :
Les Enquêtes de Mary Lester

n°9

ON A VOLÉ LA BELLE-ÉTOILE

Mary Lester se rend à Camaret-sur-Mer. Elle trouve une population choquée : par deux fois, on a tenté de voler la *Belle-Étoile*, le langoustier emblématique de leur port, reconstruit à l'identique. Puis voilà que le bateau est jeté à la côte au cours d'une tempête. Découvrira-t-elle pourquoi on a volé la *Belle-Étoile* ?

n°10

BRUME SOUS LE GRAND PONT

Un corps a été découvert par deux enfants dans un square désert à la périphérie de Saint-Nazaire. S'il ne s'agissait du cadavre du juge Ménaudoux, l'affaire serait rapidement classée : crime de rôdeur. Ménaudoux a-t-il été assassiné ? Mary Lester est chargée de cette affaire bien plus trouble qu'on ne pourrait le croire...

n°11

MORT D'UNE ROMBIERE

L'Île-Tudy, petit village de pêcheurs à l'embouchure de la rivière de Pont-l'Abbé à la pointe sud de la Bretagne. Un lieu paisible s'il en est. C'est dans ce pays de la douceur de vivre qu'une vieille femme, Annette Bonnetis, a été sauvagement assassinée...

n°12

ALLER SIMPLE POUR L'ENFER

Sur le *Drakkar*, fleuron de la flotille lorientaise, des incendies se déclarent régulièrement, mettant en péril la vie des quinze hommes d'équipage. Qui est le pyromane suicidaire ? Pour le découvrir, pas d'autre moyen pour Mary que d'embarquer et de partager la vie de l'équipage.

Dans la collection :
Les Enquêtes de Mary Lester

n°13

ROULETTE RUSSE POUR MARY LESTER

Sur la côte nord de Bretagne, à Saint-Quai-Portrieux, une étrange fatalité s'acharne sur une famille russe. La mort « accidentelle » de deux de ses membres fait redouter aux autorités le déclenchement d'une guerre des gangs. Mary Lester va y faire d'étranges découvertes...

n°14

À L'AUBE DU TROISIÈME JOUR

Où va-t-on si les voyous se mettent à annoncer leurs forfaits dans des livres, avant de les commettre ? C'est la question que se pose Mary Lester en lisant un livre qui raconte comment un chanteur célèbre va être enlevé pendant le festival des Vieilles Charrues, à Carhaix. Elle va donc se mêler à la foule des festivaliers...

n°15

LES GENS DE LA RIVIÈRE

Savez-vous combien de personnes ont péri de mort violente sur l'Odet cette année ? Ah la bonne question ! Mary Lester va s'efforcer d'y répondre et ses recherches, entre Quimper et Bénodet, vont la mener à de bien surprenantes découvertes...

n°16

LA BOUGRESSE

Quoi de plus pacifique qu'un bouquet de fleurs ? Cependant quand le bouquet est au bord d'une route de campagne, loin de tout lieu habité, lorsque les fleurs sont mystérieusement changées chaque jour, il attire obligatoirement l'attention du passant, surtout quand ce passant s'appelle Mary Lester.

Dans la collection :
Les Enquêtes de Mary Lester

n°17

LA RÉGATE DU SAINT-PHILIBERT

Mary Lester est à la Trinité-sur-Mer, invitée par des amis navigateurs à participer aux régates d'hiver. Sa première sortie en mer est marqué par la disparition d'un riche navigateur. Puis un second cadavre est découvert. Alors qu'elle commence à entrevoir la vérité, elle est dessaisie de l'enquête...

n°18

LE TESTAMENT DUCHIEN

Voici Mary Lester au Huelgoat, au cœur de la Bretagne mystérieuse. Un couple, les Duchien, a été agressé de nuit dans sa maison. Les gendarmes ne tardent pas à incarcérer un présumé coupable : une voisine en conflit avec ce couple au sujet d'un héritage. Le frère de celle-ci appelle Mary à son secours.

n°19

L'OR DU LOUVRE

Lors de l'exploration d'une épave avec un club d'archéologie sous-marine au large des îles Glénan, un plongeur se noie. Un autre plongeur a également perdu la vie dans des circonstances analogues quelques mois plus tôt. S'agit-il vraiment de morts accidentelles ?

n°20

FORCES NOIRES

Mary Lester n'a jamais pu ignorer l'appel d'une dame en détresse. Le fils de Florence de Trébédan a disparu. Voilà donc Mary à Rennes. De quel lourd secret le jeune footballeur est-il le dépositaire pour être ainsi traqué par les « forces noires » ?

Dans la collection :
Les Enquêtes de Mary Lester

n°21

COULEUR CANARI

À la demande de son ancien patron, le commissaire Fabien, Mary Lester reprend du service dans la police. Elle est détachée à Nantes où un meurtrier en série sévit depuis quelques semaines. Trois cadavres déjà, et pas l'ombre d'une piste...

n°22-23

LE RENARD DES GRÈVES

Dans un petit port du nord Finistère, depuis plus de quinze ans, un mystérieux malfaiteur sabote les bateaux mouillés sur l'estran. Les investigations de Mary lester ne la mènent pas au coupable désigné par la rumeur. Elle retrouve sur son chemin une vieille connaissance, le sinistre Charraz...

n°24

LES FAUTES DE LAMMÉ BOURET

Mary Lester est dépêchée à Pont-Aven où le corps d'un homme vient d'être retrouvé. Mais avant de mourir, le vieil homme a pu livrer le nom de son assassin. Mary se met à la recherche du coupable désigné et elle va faire de bien surprenantes découvertes...

n°25

LA VARIÉE ÉTAIT EN NOIR

Voici Mary Lester plongée dans le monde étrange des marais de Brière dans le cadre d'une coopération avec la gendarmerie. Les incendies qui ravagent certaines maisons du marais intriguent Mary Lester. Et s'il se tramait quelque chose de bien plus grave ?

Dans la collection : Les Enquêtes de Mary Lester

n°26

RIEN QU'UNE HISTOIRE D'AMOUR

Pour avoir secouru une vieille dame qui se trouvait mal au cimetière de Douarnenez, Mary Lester est soupçonnée de meurtre ! Il lui faudra enquêter sur une histoire d'amour qui a mal tourné, une histoire vieille d'un demi-siècle.

n°27

ÇA IRA MIEUX DEMAIN

Mathilde Tristani a mystérieusement disparu et sa mère a fait pression sur un ministre de ses amis pour que l'on retrouve sa fille « sans faire de vagues ». Il ne faut pas qu'il y ait de publicité, il ne faut pas montrer de photos de la disparue, il ne faut pas voir son père... Comment enquêter dans ces conditions ?

n°28

BOUBOULE EST MORT

Mary Lester prend la direction de Saint-Brieuc à la demande d'une vieille dame sans nouvelles de Bouboule... son fils ! Un surnom qui fait rire tout le monde, sauf Mary, car le Bouboule en question n'a pas simplement disparu, il est mort ! Et pas de mort naturelle...

n°29

LE PASSAGER DE LA TOUSSAINT

On confie à Mary une étrange mission : rencontrer un Brestois, qui aurait des ennuis. Son fils, condamné à vingt ans de réclusion criminelle pour meurtre, est en fuite depuis sa condamnation et vient d'être retrouvé. Où s'était-il caché pendant ces quinze ans ? À l'abbaye de Landévennec...

Dans la collection :
Les Enquêtes de Mary Lester

n°30-31

TE SOUVIENS-TU DE SOULIKO'O ?

Mary Lester part se reposer chez l'une de ses amies, à Trébeurnou, petit village en Finistère nord. À peine arrivée, elle se fait agresser par un type étrange qui conduit un énorme tracteur. Elle réalise très vite qu'une atmosphère délétère pèse sur ce village autrefois paisible.

n°32

SANS VERSER DE LARMES

Mary Lester pensait bien être quitte de ses aventures à Trébeurnou, mais voilà que le sort en décide autrement. Il y a une nouvelle victime sur la palud. L'affaire serait classée depuis longtemps si le nouveau maire de Trébeurnou n'avait pris l'initiative de réclamer Mary Lester pour mener l'enquête...

n°33-34

IL VOUS SUFFIRA DE MOURIR

Un singulier concours de circonstances amène Mary Lester et son ami Lilian sur les bords du lac de Guerlédan, en centre-Bretagne. En raison d'une panne de voiture, ils sont «coincés» sur place. L'occasion pour eux de découvrir que les autochtones sont quelque peu inquiétants...

n°35

CASA DEL AMOR

Requise par son «ami» Mervent, Mary Lester se rend en Vendée, sur l'île de Noirmoutier, pour traiter une affaire : un cas d'empoisonnement dans la résidence d'été d'une personnalité politique de premier plan. Elle devra faire preuve de beaucoup de doigté pour se sortir d'une situation particulièrement délicate.

Je désire être informé(e) des prochaines parutions des Enquêtes de Mary Lester et autres ouvrages des Éditions du Palémon.

Nom : ....

Prénom : ....

Adresse : ....

....

CP : .... Ville : ....

E-mail : .... @ ....

Signature :

Bon à compléter ou à recopier et à retourner par courrier à l'adresse suivante :

ÉDITIONS DU PALÉMON
ZA de Troyalac'h
10 rue André Michelin
29170 SAINT-ÉVARZEC

Retrouvez les Enquêtes de Mary Lester
et tous les ouvrages des Éditions du Palémon :

www.palemon.fr

ÉDITIONS DU PALÉMON
ZA de Troyalac'h — 10 rue André Michelin
29170 SAINT-ÉVARZEC
Dépôt légal 3e trimestre 2010.

ISBN : 978-2-916248-18-9

Achevé d'imprimer
par Corlet Imprimeur (132712)
Imprimé en France